# Zur ehrerechtlichen Frage in Österreich.

---

Krasnopolski's
Rettungsversuch einer verlorenen Sache.

Von

Franz Brentano.

Berlin SW 48
Wilhelmstraße 119/120
J. Guttentag, Verlagsbuchhandlung
1896.

Einem hohen

Richterstande in Österreich

ehrfurchtsvoll zugeeignet.

# Vorwort.

Der Geistliche höherer Weihen und die Ordensperson feierlicher Gelübde unterliegen nach österreichischem bürgerlichen Gesetze einem trennenden Ehehindernis; es fragt sich, ob dasselbe mit ihrem legalen Austritt aus der Kirche erlösche.

Manche haben diese Frage eine schwierige genannt: ich finde sie schwierig, ja geradezu verzweifelt schwer, wenn man sich von vornherein bindet und sich die Aufgabe stellt, die bisher vorherrschende richterliche Praxis zu rechtfertigen; um so leichter erscheint sie, wenn man den richtigen Standpunkt einnimmt, denn unter Aufstellung der wahren These finden sich die Beweise allseitig und von selbst.

Ich habe schon in „Meinen letzten Wünschen für Österreich" auf Fehlschlüsse hingewiesen, ohne welche die intolerante Anwendung von § 63 a. b. G.B. sich nicht durchführen läßt. Die gegenwärtige Abhandlung thut dasselbe; nur mit dem Unterschied, daß es diesmal nicht ein Fehlschluß Rittners und ein anderer von Laurin, sondern ein ganzer Haufen von Paralogismen des Prager Universitätsprofessors **Krasnopolski** ist, die analysiert und auf ihr Nichts zurückgeführt werden.

Wenn übrigens die Abhandlung die Form einer Kritik **Krasnopolski's** an sich trägt, so gelangt sie doch zu positivem Ergebnis; und niemals wohl ist der Gegenstand so erschöpfend behandelt worden, als es hier geschieht. Nicht das fürchte ich, etwas Wesentliches versäumt zu haben; was ich besorge, ist vielmehr, daß man es schier grotesk finden werde, wenn ich, nachdem die Hälfte und das Dritteil des Gesagten schon mehr als genügend war, die freiheitfeindliche Auffassung als unhaltbar darzuthun, doch immer und immer noch fortfahre, in neuer und mannigfach verschiedener Weise sie zu widerlegen; als ob man einen Mann, der schon tot und verwesen ist, noch einmal und noch ein Dutzend Mal, und so noch besser, totschlagen könnte.

Allein der Mensch, als urteilendes Wesen, wird nicht allein von vernünftigen Gründen bestimmt: gar vieles andere ist, was Einfluß auf ihn übt. Und bricht auch die Wahrheit, einmal erwiesen, sich notwendig Bahn, so darf man doch, wenn langjährige Vorurteile zu überwinden sind, auf einen raschen allgemeinen Sieg nicht leicht rechnen. Unsere Frage aber ist eine in hohem Maß aktuelle. Eben während ich schrieb, spielte zu Wien ein darauf bezüglicher Prozeß sich ab; und alsbald mögen wir von einem neuen hören. Jener wurde vom **Wiener Landesgericht**, im Gegensatz zu einem seit neunzehn Jahren im gesamten österreichischen Staate ausnahmslos eingehaltenen Verfahren, zu Gunsten der Gültigkeit des Ehebandes entschieden; dieser, vor andern Richtern geführt, könnte gar leicht wieder mit einem Urteile endigen, das, wie dem Gefühle der Billigkeit, so auch den richtig verstandenen Bestimmungen des Gesetzes schlechterdings widerspräche.

Und so glaube ich denn, da eine erdrückende Fülle von Beweisen mehr als die Schärfe eines einzelnen sofort einem jeden merklich wird, man dürfe, wie anderwärts von weiser Sparsamkeit, in unserm Falle, so paradox es klingt, in aller Wahrheit einmal von kluger und besonnener Verschwendung reden.

Lausanne, im Oktober 1895.

**Franz Brentano.**

# Inhalt.

Es giebt Übel, die um so schlimmer werden, je mehr man, um sie zu heilen, daran rührt: so giebt es auch Gutes, das, wenn man es feindlich antastet, jedesmal an Kraft gewinnt. In Bezug auf meine Auslegung von § 63 a. b. G.B.[1]) scheint dieser Satz neu und in erfreulicher Weise sich zu bewähren.

Die Angriffe des Wiener „Vaterland"[2]), die gegnerischen Ausführungen Krasnopolski's in Verings Archiv[3]), haben, wie an mich gerichtete Briefe zeigen, nur dazu geführt, das Vertrauen auf meine Anschauung teils zu festigen, teils zu verbreiten. Sogar in ultramontanen Kreisen beginnt die Überzeugung mehr noch als ehedem Wurzel zu fassen, und ein Rechtsgelehrter, der zu den Celebritäten und Vorkämpfern der katholischen Partei im Deutschen Reiche zählt, erklärt mir jetzt mit ähnlich edler Gerech-

---

[1]) Neue Freie Presse, Novbr. 1894, Meine letzten Wünsche für Österreich, von Franz Brentano, Art. II. Buchausgabe, Stuttgart 1895 S. 16.

[2]) Das Vaterland, Zeitung für die österr. Monarchie, 13. und 16. Dezbr. 1894; vgl. meine Entgegnungen in der Neuen Freien Presse 15. und 18. Dezbr. 1894.

[3]) Archiv f. Kirchenrecht LXXXIII S. 456—466. Zur Auslegung des § 63 des österr. allgem. bürgerl. Gesetzbuches (impedimentum ordinis) von Horaz Krasnopolski.

tigkeitsliebe, wie sie vor Jahren, ganz vereinzelt, Maassen[4]) bekundet, daß ich „in der strittigen Frage unzweifelhaft recht habe"; daß er Krasnopolski's Standpunkt, aus dessen eigener Schrift darüber unterrichtet, als unhaltbar bekenne; daß dem, was ich[5]) gegen ihn bemerke, und insbesondere in der Unterscheidung von „ordo" und „ordinatio" geltend mache, eine „durchschlagende Bedeutung" zukomme.

Wenn Krasnopolski nun neuerdings auf meine Kritik zu antworten sucht und in einem bei Franz Kirchheim in Mainz erschienenen Aufsatz[6]) die mannigfachsten Anstrengungen gegen mich macht, — die neue Abhandlung übertrifft die alte um das Doppelte an Länge —: so braucht man nicht eben ein Prophet zu sein, um vorherzusehen, daß der Erfolg ein ähnlich günstiger sein werde.

Ich hatte, da ich die Widerlegung von Krasnopolski's Versuche unternahm, wohl eine Art Recht, zu hoffen, daß er daraufhin seinerseits etwas zu Gunsten des meinigen thun werde. In einem liebenswürdigen Briefe vom 28. März 1895 zu den edelsten und selbstlosesten Grundsätzen sich bekennend, hatte er mir für den Fall der Entkräftung

---

[4]) Dr. Friedrich Maassen, Unser Eherecht und das Staatsgrundgesetz. Graz 1878 S. 11 ff.

[5]) Franz Brentano, Noch ein Wort über das Ehehindernis der höhern Weihen und feierlichen Gelübde, Wien 1895. Da die Auflage erschöpft ist, haben wir die kleine Abhandlung, auf die wiederholt Bezug genommen wird, hier als Beilage neu abgedruckt. (s. S. 141 ff.)

[6]) Prof. Dr. Horaz Krasnopolski zu Prag, I. Zur Auslegung des § 63 des österr. allgem. bürgerl. Gesetzbuchs (impedimentum ordinis), II. Über § 63 des österr. allgem. bürgerl. Gesetzbuchs. Eine Replik, Mainz 1895 S. 14 ff. (Nr. I ist ein Neudruck der Abhandlung im Arch. f. Kirchenrecht.)

seiner vielleicht bald zu veröffentlichenden Argumente die freudigste Anerkennung zugesichert[7]). Nun erkenne ich wohl, daß er die Schwierigkeit der Zumutung, die er damals seinem Charakter gestellt, sich nicht ganz zum Bewußtsein gebracht hatte, oder daß ich (immer der Buchstabenmensch, der in seiner Borniertheit sich an den klaren Wortlaut halten zu dürfen glaubt)[8]) vielmehr auch auf Krasnopolski selbst seine höhere Interpretationsmethode hätte anwenden sollen. Nicht durch freudige Zustimmung, um so deutlicher

---

[7]) Der Ausdruck solch edler Gesinnung war es, an den ich bei den Schlußworten (a. a. O. S. 11 f. u. Beil. S. 158) dachte, die Krasnopolski jetzt, eine absolute Gleichgültigkeit gegen alle hier beteiligten höheren Interessen zur Schau tragend, verspottet und verdächtigt. „Ich unterlasse es," sagt er, „an Freiheit, Patriotismus, kulturellen Fortschritt zu appellieren (!), zufrieden, wenn kompetente Beurteiler juristischer Ausführungen meine Ansicht, wenn auch nicht für „„freiheitlich"", so doch für richtig erklären" (a. a. O. S. 14). In dem Briefe hatte er bemerkt, daß die Frage über die Fortdauer des impedimentum ordinis, „wie leicht begreiflich", sein „höchstes Interesse" errege; doch daß er in Bezug auf ihre Beantwortung vom Standpunkt unseres geltenden Rechts leider nicht mit mir übereinstimme. Dann hatte er beigefügt: „Ich sage: leider, und zwar mit gutem Bewußtsein, weil ich, wie ich gern gestehe, froh wäre, wenn mir überzeugend bewiesen werden könnte, daß ich hierin irre. Ich weiß nicht, ob Sie den Zustand kennen, in dem sich jemand befindet, der eine Ansicht für die richtige zu halten sich gezwungen sieht, die er so gern für die unrichtige erklären möchte. Allein de lege lata glaube ich nicht anders thun zu können. Vielleicht entschließe ich mich, meine Gründe zu veröffentlichen, im voraus dankbar, wenn sie widerlegt werden." — Wenn ich diese Stelle dem Leser unterbreite, so geschieht es nicht, um ihn an einem ästhetisch wirksamen Kontraste sich weiden zu lassen, sondern damit er die wahre Beziehung jener Worte erkenne, um deren willen Krasnopolski mich beschuldigt, mehr mit rhetorischen als wissenschaftlichen Argumenten zu arbeiten.

[8]) vgl. Krasnopolski a. a. O. S. 20 ff., bes. S. 23.

aber durch einen schlecht verhaltenen Ärger thut Krasnopolski es allen kund, daß er seinen alten Standpunkt bis ins Fundament erschüttert fühlt.

Es würde zu sehr vom Sachlichen ablenken, wenn ich alles persönlich Gehässige, was die neue Abhandlung häuft, hier aufführen und mich dagegen verteidigen wollte.

Schon daß ich überhaupt in einer juridischen Frage mitzusprechen und einem Krasnopolski gegenüber recht zu behalten wage, erscheint ihm als Anmaßung[9]) (er vergißt, daß er selbst es gewesen, der mich zur Widerlegung aufmunterte); und wenn ich[10]) nun gar vermute, seine Abhandlung sei mit Rücksicht auf eigene Erörterungen geschrieben, so nötigt ein so selbstüberhebender Gedanke ihn zu spöttischem Lächeln[11]). Und doch war es gewiß kein bloßes „Post hoc, ergo propter hoc", was mich auf solche Meinung geführt hatte[12]).

---

[9]) a. a. O. S. 14, S. 15, S. 20 u. ö. Die Ehre, die er mir hier durch Berufung auf eine, wie er meint, analoge Behauptung in der „Zukunft d. Philosophie" (S. 70) erweist, muß ich dankend ablehnen. Hätte er ebd. S. 7 oder „Meine letzten Wünsche für Österreich" S. 35 ff., oder „Die vier Phasen der Philosophie" (Stuttgart 1895) S. 33 verglichen, so hätte er gefunden, daß ich den Wert von Einzelbeiträgen fremder Forscher bei meiner Wissenschaft gar wohl zu schätzen weiß.

[10]) Noch ein Wort über das Ehehind. d. h. Weihen u. f. Gelübde S. 3 (Beil. S. 141).

[11]) a. a. O. S. 14.

[12]) Es sprachen dafür innere Gründe (vgl. z. B. Krasnopolski a. a. O. S. 7 ob. mit Meine l. Wünsche f. Ö. S. 79 f. Anm.), und es sprach dafür als äußerer das von Krasnopolski sowohl durch sein Auftreten in dem Akademischen Juristenverein in Prag, als auch, indirekt und direkt, durch Sendung und Brief bekundete Interesse. Wenn er in öffentlicher Versammlung vor meinen Artikeln

Ich habe, verkündet er fort und fort mit Emphase, auf juridischem Gebiete nicht die geringste Autorität[13]). — Doch, wenn auch nicht gerade zum ersten Male an Rechtsfragen rührend, hatte ich meinerseits eine solche auch nirgend in Anspruch genommen; auch konnte mich eine Versuchung dazu nicht wohl anwandeln, wo größere Autoritäten als die meinige (Glaser, Unger, Maassen) mir zu Gebote standen. — Ich sei, erklärt er, ein Wort- und Buchstabenjurist[14]). — Ich hatte aber nichts behauptet, als daß die Interpretation nicht dem klaren Wortlaut des Gesetzes widersprechen[15]), und insbesondere, daß sie nicht ganze Worte sinnesändernd hinauswerfen dürfe[16]). — Ich wolle, sagt er, den Blick des Interpreten auf den vorliegenden Rechtssatz einschränken und verkenne die Bedeutung, die andere Glieder des Gesetzes und der

---

warnt und ihre Argumente blendend nennt, und wenn er mir dann brieflich seine Abhandlung als halb und halb projektiert in Aussicht stellt und für den Fall der Widerlegung den freudigsten Dank zum Voraus ausspricht, so scheinen dies, so unverdient die Ehre sein mag, der Momente denn doch vielleicht genug, um von einem „vermuten" den Vorwurf der Unbescheidenheit abzuwehren.

[13]) a. a. O. S. 20 f.

[14]) a. a. O. S. 23 u. ö.

[15]) Noch e. Wort ü. d. Eheh. d. h. W. S. 5. (Beil. S. 146.)

[16]) Ebd. S. 4. (Beil. S. 145.) — Krasnopolski (a. a. O. S. 22) findet mein Verhalten hier kleinlich, weil es nur ein einziges Wort, das Wort „Geistlicher" ist, welches er zu eliminieren wagt. Als ob nicht auch das Wort „nicht" ein einziges, ja ein noch kleineres Wörtchen wäre, dessen Auslassung das Gebot zum Verbot und umgekehrt verwandeln kann.

Näheres über diese Stelle und über gewisse andre, wo mein praktisches Verhalten den Ehrentitel „Wort- und Buchstabenjurisprudenz" rechtfertigen soll, enthalten die folgenden Erörterungen.

Geist des Ganzen für die Auffassung des Einzelnen habe[17]). — Ich aber (um nur auf die „Zukunft der Philosophie", aus der Krasnopolski gelegentlich zu citieren liebt, hinzuweisen), hatte im Gegenteil den genialen Papinian gerade darum vor anderen hochgepriesen, weil er „statt die Worte zu pressen, aus höheren Prinzipien die Entscheidung schöpfe"[18]). — Ich verkenne, behauptet er, daß auf dem Gebiet des Rechts der Zweck es sei, der zu herrschen habe, und lehre, daß man mit der Logik allein hier auskommen könne und solle[19]). — Doch das sind Beschuldigungen, die, hätte ich auch nicht alther ausdrücklich und energisch den Zweck im Recht als oberstes Prinzip geltend gemacht[20]), bei einem erklärten Anhänger der empirischen Forschungsweise wohl jeder unglaublich finden muß.

Sage ich, ich habe (und schon vor dem Erscheinen seines Aufsatzes) selbst von den Protokollen Kenntnis genommen[21]); oder, Glaser habe mir in persönlichem Verkehr dies und jenes als seine Überzeugung dargelegt[22]): so spricht und thut Krasnopolski, als ob das alles — Luft sei[23]). Und doch zeigt er an anderer Stelle, daß er

[17]) Krasnopolski a. a. O. S. 15 oben u. ö.

[18]) Franz Brentano, Über die Zukunft der Philosophie. Wien 1893 S. 52.

[19]) Krasnopolski ebd. oben.

[20]) Vgl. z. B. Franz Brentano, Vom Ursprung sittlicher Erkenntnis. S. 13, S. 30 ff., S. 50, S. 99 ff.

[21]) a. a. O. S. 6. (Beil. S. 148.)

[22]) M. letzten Wünsche S. 17 vgl. S. 27 und S. 41 (wo eine ganze Stelle aus den Äußerungen Glasers mir gegenüber mitgeteilt wird) und S. 66.

[23]) Vgl. a. a. O. S. 21, S. 23 u. ö., sowie S. 14 ff.

auf Privatmitteilungen juristischer Autoritäten gar wohl Gewicht zu legen weiß[24]); ich aber hatte, was Glaser betrifft, sogar unter ausdrücklichem Einsatz meiner Ehre[25]) etwas berichtet, was, wenn es Krasnopolski in der bekannten Rede[26]) nicht hervorzutreten schien[27]), auch jeder wissenschaftliche Freund Glasers, und vor allen Unger, ihm hätte bestätigen können. Hatte Krasnopolski es irgendwo für gut befunden, seinen Gedanken im Halbdunkel zu lassen, und klage ich darüber, mühe mich aber geduldig ab, „was er in Bezug auf Deutlichkeit hier vermissen läßt, durch sorgfältige Erörterung jedes nur irgend in Betracht kommenden Moments zu ersetzen“[28]), jede denkbare Hypothese, und neben Wahrscheinlicherem auch relativ Unwahrscheinliches berücksichtigend: so zeigt Krasnopolski, statt ob der durch seine Fahrlässigkeit vervielfachten Mühe um Entschuldigung zu bitten, sich darüber erbost und verbittet sich in gereiztem Tone, daß man ihm etwas „unterschiebe“[29]). Fehlt an andrer Stelle im Raisonnement jeder logische Zusammenhang, und bediene ich mich, die Formen der Höflichkeit wahrend, der nicht eben neuen Wendung, daß mir in diesem Stücke die Ausführung „völlig unverständlich“ sei[30]): so deutet Krasnopolski dies höhnisch als Bekenntnis eigner Unzulänglichkeit, weshalb er auch nur, um auf

---

24) a. a. O. S. 30.
25) M. letzten Wünsche S. 53.
26) Parlamentsrede vom 8. Febr. 1876.
27) a. a. O. S. 17.
28) a. a. O. S. 6. (Beil. S. 148 f.)
29) a. a. O. S. 24 u. ö.
30) a. a. O. S. 4. (Beil. S. 146.)

meine verkehrte Art und Weise, die Sache anzufassen, aufmerksam zu machen, keineswegs aber um die von mir vorgebrachten Gründe zu widerlegen, das Wort ergriffen haben will[31]).

Und wie hier die verbitterte Stimmung sich unverkennbar bemerklich macht, so verrät sie sich auch in der Fülle kleinlichster Nörgeleien, von welchen die Abhandlung wimmelt, sowie in der nicht eben sehr loyalen Weise, wie Krasnopolski meine Argumente wiedergiebt. S. 22 z. B. erscheint der „Nervus probandi" geradezu und sozusagen mit dem Seziermesser herausgeschnitten[32])

---

[31]) a. a. O. S. 14. Wie hier, so wird öfter, was ich sage, mißverstehend wiedergegeben, ohne daß die Einfachheit der Sache an ein ehrliches Mißverständnis recht glauben läßt. So z. B. wenn Krasnopolski (a. a. O. S. 30, Mitte) meiner Behauptung eine Ansicht zu Grunde legt, die nach der ganzen dafür gegebenen Begründung nichts mit ihr zu thun hat u. s. w. Mehr davon in den folgenden Anmerkungen.

[32]) Seine Kühnheit ist hier in der That bewundernswert. Er verstümmelt mein Argument. Zwischen Zeile 9 und 10 läßt er einen ganzen Satz und hiermit den wesentlich vermittelnden Gedanken entfallen und macht, statt der nach der Schriftsprache anzuwendenden Punkte, irreführend einen Gedankenstrich. Und dann klagt er, daß ich „frischweg", das heißt doch wohl ohne Vermittelung und weitere Begründung, den Schlußsatz an die Prämisse geknüpft habe. Auf welche Art Leser, auf welche Art Gegner hat Krasnopolski hier gerechnet?

Nicht geringer ist seine Verwegenheit a. a. O. S. 23, wo er mich als widerlegt hinstellt, indem er mich das gerade Gegenteil von dem behaupten läßt, was ich wirklich gesagt und mit entscheidenderen Gründen als denen, die Krasnopolski nun selbst zur Einsicht führen, dargethan habe. Und die Beispiele solcher Entstellungen zum Gegenteile ließen sich noch vermehren.

Zur Veranschaulichung der Weise, wie Krasnopolski zu nörgeln liebt, hier eine Anzahl Exemplare aus der reichen Sammlung:

Diese Seite von Krasnopolski's Arbeit möge sich selbst richten; ich werde mich einzig an das Sachliche halten,

---

1. In meiner Broschüre S. 9 Z. 17 liest man „In der Zeit vor 1811", während es, um mit dem Vorausgehenden in Einklang zu stehen, heißen müßte „In der Zeit von 1811". (vgl. Beil. S. 155.) — Krasnopolski (a. a. O. S. 25) giebt mir deshalb eine ernste Rüge. Von Bedeutung für unsre Streitfrage ist das Versehen freilich nicht mehr, als wenn man bei ihm S. 5 Z. 1 v. u. statt „nämlich" „mämlich" liest, und in Wahrheit hätte die kleinste Überlegung (wenn die Sache überhaupt einer solchen wert war) Krasnopolski erkennen lassen, daß es sich in beiden Fällen gleichmäßig — um einen Druckfehler handelt; ich hatte, ob meiner Abwesenheit, die Korrektur nicht selbst besorgen können.

2. S. 8 (Beil. S. 152 f.) habe ich auf zwei Äußerungen v. Pflegers Rücksicht zu nehmen, in deren einer er „die höheren Weihen" (Plural), und in deren andrer er „die höhere Weihe" (Singular) als trennendes Ehehindernis bezeichnet. Natürlich nimmt er beide Ausdrücke in ganz gleichem Sinne; wie man ja allgemein, wenn man von dem impedimentum ordinis, sei es nach kirchlichem, sei es nach staatlichem Rechte in deutscher Sprache handelt, gleichgültig zwischen Plural und Singular zu wechseln pflegt. Nachdem ich beide Äußerungen vorgeführt, wiederhole ich in den Bemerkungen, die ich daran knüpfe, den Ausdruck im Anschluß an die zuletzt citierte Äußerung, also im Singular. — Krasnopolski giebt mir dafür einen Verweis; er verlangt, daß ich den Plural setze. Warum dieses Verfahren, auch bei pedantischster Akkuratesse, mehr berechtigt sein sollte, ist natürlich nicht einzusehen. Doch eines entschuldigt bis zu einem gewissen Grad unsern hofmeisternden Kritikus. Es zeigt sich, daß er hier, wo ein ihm wichtig dünkendes Argument sich in ein Nichts auflöst, ja sich ins Gegenteil zu verkehren droht (wir werden hierauf zurückkommen), in der Art den Kopf verloren hat, daß er, während er Unachtsamkeit vorwirft, selbst nicht mehr achtsam zu sein vermag. Und so leugnet er denn geradezu, daß v. Pfleger überhaupt den Singular angewandt habe.

Doch damit nicht genug. Indem ich an der angezogenen Stelle, wie schon gesagt, der gedrängtern Fassung halber zwei für unsre Frage äquivalente Äußerungen v. Pflegers gleichzeitig bespreche und, begreiflicherweise, im besondern die letzterwähnte im Auge habe — für die erste ergiebt sich dann die Anwendung von selbst —, sage ich, das, worauf sowohl um der wissenschaftlichen Debatte, soweit es an mir liegt, die Würde zu wahren, als auch um nicht durch Ein=

---

es v. Pfleger hier ankomme, sei „nur, daran zu erinnern, daß nach den gefaßten Beschlüssen" (der Plural geht auf die Gesamtheit dessen, was bisher endgültig festgestellt worden war) „der Ritus und das Schisma keinen Unterschied machen sollten". Hätte ich mit unfruchtbarer Umständlichkeit auch noch die frühere Stelle im besondern berücksichtigt, so hätte ich etwa so sagen müssen: „Das, worauf es v. Pfleger ankam, war vielmehr in der einen Sitzung nur, darzulegen, daß nach dem von ihm empfohlenen, in der andern nur, daran zu erinnern, daß nach dem gefaßten Beschlusse der Ritus und das Schisma keinen Unterschied machen sollten." Ich glaube, man muß ein Pedant wie Malvolio und auch in anderm Sinne seines Namens würdig sein, um mir übelzunehmen, daß ich es vorzog, den Leser nicht mit solch unnützer Weitschweifigkeit zu langweilen. Aber Krasnopolski glaubt wirklich, er könne diese Stelle benützen, um den Leuten die Meinung beizubringen, daß ich, nur flüchtig in die Protokolle blickend, gar nicht wisse oder ahne, was v. Pfleger hier überhaupt gemeint und gewollt habe. Krasnopolski versichert dem Leser, daß, was ich über v. Pflegers Absicht sage, „positiv falsch" sei. „Denn der gefaßte Beschluß lautete gerade demjenigen entgegengesetzt, was Brentano als solchen anführt." „Gegen die gefaßten Beschlüsse kehrte sich Pflegers Antrag." Ich will hier nicht über vorsätzliche Verleumdung klagen, aber von schuldbarer Fahrlässigkeit darf man denn doch wohl reden, wo ein Blick auf das Nächststehende genügt hätte, sich von der Ungerechtigkeit solcher Anklagen zu überzeugen. Offenbar hat Krasnopolski, wie schon die Leugnung des Singulars bewies, die ganze Berücksichtigung der Sitzung vom 16. November 1809 übersehen, und bezieht darum alles, was in Bezug auf diese gesagt wird, auf die Sitzung vom 13. November 1809. (Wem die Protokolle nicht zur Hand sind, der vgl. zur Verdeutlichung Krasnopolski's eignes, historisch treues Excerpt a. a. O. S. 5.)

Welch seltsamer Kontrast! Von mir will Krasnopolski plausibel machen, daß ich nicht wisse, was in den Protokollen stehe. Und nun zeigt sich, daß ich dies zwar sehr wohl weiß, daß aber er selbst in einem (faktisch unbedeutenden, von ihm aber wie eine Wichtigkeit behandelten) Punkte sich über ihren Inhalt täuscht (v. Pflegers Singular). Über das aber, was in der von ihm so eingehend bekämpften

mengung von Dingen, die der Rechtsfrage fremd sind, dem Gegner das Wasser trüben zu helfen.

---

Broschüre, und insbesondere an der von ihm bekrittelten Stelle steht, hat er, infolge gröblichsten Übersehens, erst recht keine Kenntnis. Das Schicksal selbst, möchte man sagen, habe ihn hier ob seiner kleinlichen Verdächtigungssucht durch Lächerlichkeit gezüchtigt.

3. In derselben verdächtigenden Tendenz erklärt Krasnopolski wiederholt, daß ich die Protokolle schon darum nicht verstehe, weil mir die technische Bedeutung der in ihnen gebrauchten Ausdrücke fremd sei (a. a. O. S. 21, vgl. S. 25). Aber auch hier wird man vergebens nach Thatsachen suchen, welche diese Behauptung bewährten.

Ich habe, es ist wahr, den Ausdruck „behebbar" einmal da, wo er speziell für „indispensabel" steht, in einem allgemeinern Sinn genommen (vgl. für eine solche Möglichkeit im allgemeinen Krasnopolski selbst a. a. O. S. 19); und zwar war es die Vermutung, Krasnopolski habe die Stelle im „Zusammenhang" „mit der streitigen Frage" angerufen, die mich zu dieser Deutung geführt hatte, weil sie so noch am ehesten einen seiner Meinung wenigstens scheinbar günstigen Sinn ergeben hätte. (Vgl. Noch ein Wort über d. Eheh. h. W. S. 9 und S. 6 (Beil. S. 154 u. S. 148), und dazu Krasnopolski a. a. O. S. 7 Z. 18—19 von unten.) Das ist alles. Eine zweite Stelle, wo mir Krasnopolski die Mißdeutung eines Ausdrucks der Protokolle nachgewiesen hätte, wird man vergeblich suchen. Grenzt es hiernach nicht hart an die einfache Unredlichkeit, wenn Krasnopolski, diesen kleinen Vorteil in schnöder Weise ausbeutend, von einer Unkenntnis der technischen Ausdrücke in den Protokollen spricht, die den Erfolg aller meiner Untersuchungen ausschließe? (vgl. a. a. O. S. 21 und insbesondere S. 26, „das sei ein für allemal bemerkt"). Ja, ist nicht schon das eine Irreführung des Lesers, wenn Krasnopolski in Bezug auf diese einzige Stelle, in welcher ich wirklich einen terminus mißdeutet habe, zwar ganz richtig sagt: „damit zerfallen .... alle seine Ausführungen und Konklusionen", aber ohne zugleich beizufügen, daß es derselben freilich auch nicht bedurft habe, da er selbst schon von vornherein nicht der Meinung gewesen, das von mir besprochene Moment lasse sich in der streitigen Frage zu seinen Gunsten verwerten? (Vgl. a. a. O. S. 16 unten.) Meine Sache steht also im besondern gerade auch hier zum mindesten noch so günstig wie zuvor. Und daß sie sogar noch günstiger

Auch auf allgemeine Erörterungen über die Grundsätze der Gesetzesauslegung werde ich ebendarum, zunächst

---

stehe, daß die Erklärung des „unbehebbar" als „indispensabel" uns eine neue Waffe gegen Krasnopolski in die Hand gebe, werden spätere Betrachtungen zeigen.

Man verzeihe, wenn ich hier, wie beim vorigen Punkt, etwas ausführlicher verweilte. Aber es schien nicht unwichtig, den Leser sich selbst davon überzeugen zu lassen, daß thatsächlich nicht ein wahres Wort daran ist, wenn Krasnopolski mir Unkenntnis der Protokolle und Unkenntnis ihrer Terminologie fort und fort zum Vorwurfe macht. Ich sage, nicht ein wahres Wort; denn die Beziehung des Wortes „behebbar" auf eine Beseitigung durch eigne Thätigkeit, die allein in Frage käme, wäre, was die bloße Terminologie anlangt, nicht eigentlich unmöglich.

Ich füge noch ein paar andere Beispiele von Nörgeleien an, für die ein kurzer Hinweis genügt.

4. S. 8 (Beil. S. 153) gebrauche ich den Ausdruck „dürfte" in der bekannten, schon bei attischen Schriftstellern und bei Aristoteles beliebten Weise (Krasnopolski war ihr in der Zuk. d. Phil., z. B. S. 15 Anm. 3 und ebd. S. 21 Anm. 1 auch bei mir selbst begegnet), indem ich etwas, was so gut wie gewiß erscheint, ausspreche. Ein Zweifel an meiner wahren Meinung ist um so mehr ausgeschlossen, als ich dasselbe alsbald mit andrer Wendung als „ganz überwiegend wahrscheinlich" bezeichne. — Krasnopolski versteht das nicht und macht mir (a. a. O. S. 24) einen Vorwurf daraus, wenn ich auf etwas, was ich selbst als so wenig gesichert betrachte, ein Argument zu gründen wage. Was die Entrüstung Krasnopolski's noch sonderbarer erscheinen läßt, ist, daß der Nachweis auch der bloßen vernünftigen Möglichkeit an dieser Stelle genügt hätte, da das onus probandi entschieden auf seiner Seite ist. Doch das ist etwas, was er auch sonst manchmal zu übersehen liebt.

5. Einen ähnlichen Scherz, möchte man fast sagen, erlaubt er sich S. 30 in Bezug auf das Wörtchen „wohl". Randa hatte in seinem ‚Eigentumsrecht' einmal die Wendung gebraucht: „Es ist wohl nicht zu bezweifeln, daß . . ." — Krasnopolski will mir nicht zugeben, daß Randa sich hier sehr entschieden zu der betreffenden Ansicht bekenne. Nach ihm würde sich Randa hier „zweifelnd" ausgedrückt haben. Vermutlich würde Krasnopolski dies auch dann behaupten, wenn

wenigstens, nicht eingehen. Krasnopolski freilich legt mir dies sehr nahe; sagt er doch geradezu, ich habe weniger

---

es bei Randa hieße: „Es scheint mir, daß ein vernünftiger Zweifel hier schlechterdings unmöglich ist"; oder: „Es scheint mir, daß nur ein Dummkopf das noch in Zweifel zu ziehen vermag."

6. Wieder hadert er mit mir und verhöhnt mich sogar wegen des Wortes „einmütig". Ich hatte gesagt, die juristischen Autoritäten seien einmütig einer Ansicht günstig, aber nur den einen Randa citiert, der allerdings so sprach, daß man bei seiner Gewissenhaftigkeit überzeugt sein konnte, daß bei keinem Juristen von hervorragendem Ansehen eine entgegengesetzte Meinung oder ein Zweifel sich ausgesprochen finde. Mancher mochte es in der That nicht für nötig halten, auch nur ein Wort darüber zu verlieren (vgl. meine Begründung a. a. O.). Aber genügt es, wenn einer dafür, und keiner dagegen spricht, um von Einmütigkeit zu reden? Nach Krasnopolski wäre dies zu verneinen. — Seltsame Pedanterie! Doch zur Beruhigung Krasnopolski's kann ich ihm mitteilen, daß ich mich hier wirklich nicht mit dem Zeugnis Randa's allein begnügte, daß ich vielmehr auch die Meinung eines Ordinarius an der jurid. Fakultät in Wien einholte, der dann ebenfalls jeden vernünftigen Zweifel für ausgeschlossen erklärt hat.

7. Und abermals fängt Krasnopolski einen Streit an wegen des Sinnes, in dem ich das Wort „Autorität" gebrauche. Wie ich es (a. a. O. S. 10, Beil. S. 157) anwende und durch den Hinweis auf Randa illustriere, bedeutet es, ähnlich wie in meiner Schrift gegen Exner (Zuk. d. Phil. S. 3), einen durch Ansehen hervorragenden Mann. Krasnopolski aber (a. a. O. S. 30) will, daß ich dem Begriff (der ja gewiß, wie mancher andre, dehnbar ist) auch einen relativen Anfänger subsumiere. Vielleicht ist Professor Singer von dem in einer Jugendschrift begangenen Irrtum heute selbst zurückgekommen; jedenfalls dürfte er eher als Krasnopolski es mir verzeihen, wenn ich der Meinung, die er als junger Dozent ausgesprochen, Randa's Urteile gegenüber keine autoritative Bedeutung beilegte.

8. Nochmals beginnt Krasnopolski einen — und diesmal gar seltsamen — Wortstreit über den Ausdruck „derogieren", den ich — und wird man sich darüber wundern? — nur da anwende, wo eine gesetzliche Bestimmung durch eine andre, inhaltlich damit unvereinbare, ganz oder teilweise aufgehoben wird, während Krasnopolski, wenn

gegen ihn, als gegen die Protokolle und deren Benützung

---

ich ihn recht verstehe (denn freilich außer dem Fall, um welchen es sich bei mir in Bezug auf § 63 a. b. G.B. handelt, paßt dazu kein zweites von ihm erbrachtes Beispiel), dem Ausdruck eine Deutung geben möchte, nach welchem einer militärischen Verordnung über die Zahl der Knöpfe an der Jacke durch eine Verfügung derogiert würde, nach welcher man sich vom Militärdienst loskaufen kann, weil es infolge derselben Leute geben wird, welche die Monturvorschrift nicht, und andre, welche sie nur bedingungsweise trifft, während sie sonst sich unbedingt nach ihr richten müßten. Gewiß ist Krasnopolski's Neuerung durchaus zu mißbilligen; doch, wäre sie es selbst nicht, so bliebe es noch immer die Hartnäckigkeit, mit der er seinen Sprachgebrauch mir aufdrängen will. Was, frage ich, wäre denn, wenn ich mir seine Tyrannei wirklich gefallen ließe, wenn er nicht geradezu im trüben Wasser gut zu fischen hofft (vgl. unt. S. 81 Anm. 93), für seine Sache gewonnen? Von der Frage, ob man das Wort „derogieren" weiter oder enger zu gebrauchen habe, wird ja doch niemand die Entscheidung über den Sinn von § 63 a. b. G.B. abhängig machen wollen. (!!)

9. Ähnliches gilt, wo Krasnopolski über den Ausdruck „Analogie" mit mir rechtet. Und hier (aber leider hier allein) kommt ihm selbst allerdings die Besorgnis, daß, was er zu bemerken im Begriffe stehe, „kleinlich erscheinen" möge (a. a. O. S. 28). Er will mir nämlich verbieten, den Namen zu gebrauchen, wie er seit Aristoteles bis heute in der Welt üblich ist, und, soviel ich entnehmen kann, schulmeisternd darauf bestehen, daß ich ihn nur auf die Fälle deklarativer Interpretation durch Subsumtion der analogen Fälle unter die gleiche gesetzliche Bestimmung anwende.

Man vergleiche auch die darauf folgende mustergültige Leistung (S. 28 f.) über den Unterschied zwischen dem Fall, wo etwas im Gesetz direkt expressis oder claris verbis ausgesprochen, und dem, wo es nicht in dieser Weise ausgesprochen, aber allerdings ebenso unzweifelhaft gesetzlich feststehend ist, und die Art, wie er diese hochbedeutsame Differenz zu fruktifizieren sucht. Da ich zur Verteidigung meiner Argumente durch Analogie (M. letzten Wünsche f. Ö. S. 67, S. 71 ff.) später auf die Sache zurückkommen muß, so begnüge ich mich hier mit diesem kurzen Hinweise auf den Autor.

geschrieben[33]). Aber das ist eine über die Maßen starke rhetorische Hyperbel und sieht einem schlechten Scherze nicht unähnlich, während es sich doch um eine Frage von höchstem politischen und sittlichen Ernste handelt. Von ihm war Glaser durchdrungen, als er mir zum Troste jene Worte sprach, die ich in den letzten Wünschen wiedergebe[34]), und auch heute ist das Gefühl dafür unter den Juristen Österreichs nicht ausgestorben. So schreibt mir ein österreichischer Rechtsgelehrter, durch wissenschaftlichen Namen und einflußreiche Stellung hervorragend, mit Bezug auf die erste gegen Krasnopolski gerichtete Kritik: „Sie wird hoffentlich viel zur Klärung des ernsten Problems beitragen, auf das Sie in Ihren letzten Wünschen so nachdrücklich hingewiesen haben. Nicht bloß die Wissenschaft wird Ihnen dafür Dank wissen."

Dieses Ernstes also und dieser hohen Bedeutung mir bewußt, werde ich, wie bei der ersten, auch bei dieser zweiten Streitschrift mich ganz an die Sache, und zwar an diese eine Sache halten, jede andre, wie immer an und für sich

Krasnopolski möchte, scheint es, in Guerillakriegen den Gegner ermüden. Und in der That mochte sich ihm hieran noch am ehesten die Hoffnung knüpfen, einem entscheidenden Schlage zu entgehen. Ich bin ihm auch ins Kleine gefolgt und habe in jedem Scharmützel ihm stand gehalten aber das Große und eigentlichst zur Sache Gehörige dabei nicht aus dem Auge verloren. Damit dies auch bei dem Leser sicherer verhütet werde, habe ich alles dies, aus der eigentlichen Abhandlung es ausscheidend, dieser einen Anmerkung zugeteilt. Ihre ungewöhnliche Länge möge man dementsprechend mir zu gute halten.

[33]) a. a. O. S. 26.

[34]) M. l. Wünsche. S. 41.

wichtige Untersuchung hintanstellend. Erst in einem Anhang will ich auch, was ich im Vorübergehen gegen eine Art „Protokolljurisprudenz" gesagt, in Kürze erläutern und rechtfertigen; ein Wort, von dem Krasnopolski, wie es scheint, nicht ungern sähe, wenn es ihm hier als Blitzableiter diente.

In Wahrheit liegt nichts vor, was bei dieser mehr als bei irgendwelcher andern besondern Gesetzesauslegung zu solch allgemeinen Vorbetrachtungen veranlassen könnte, da diese vielmehr gerade hier am deutlichsten entbehrlich sind. Denn, wie folgenschwer es, allgemein gesprochen, sein muß, ob jemand einzig dem Buchstaben des Gesetzes frönt oder, wo es gilt, auch den Geist desselben zu Hilfe ruft und der Absicht der Verfasser, wie sie in den Protokollberichten sich verrät, den gebührenden Einfluß gestattet: in unserm Falle gelten diese Differenzen völlig gleich, da man, auf was immer für einen Standpunkt sich stellend, gleichmäßig gegen Krasnopolski entscheiden wird.

Denn ich sage:

Wenn Krasnopolski verlangt, daß man sich zu seiner Auslegung von § 63 a. b. G. B. bekenne, so fordert er, daß etwas, was sowohl dem klaren Wortlaut des Gesetzes als dem Geiste der Gesetzgebung widerspricht, in Rücksicht auf eine Vorgeschichte und Protokolle, in denen schlechterdings nichts zu finden ist, was eine entsprechende Absicht der Verfasser des Gesetzbuchs verriete, wohl aber nicht weniges, was gegen eine solche geltend gemacht werden kann, als richtige Interpretation des Gesetzes angenommen werde.

Ich glaube dies alles schon durch meine erste gegen Krasnopolski gerichtete Kritik und „Meine letzten Wünsche für Österreich" ausreichend erwiesen, werde es aber nun noch einmal Punkt für Punkt in der eben bezeichneten Ordnung darthun. Ich werde dabei manches ergänzen, manches noch mehr erhärten und insbesondere auch Krasnopolski's Entgegnungsversuche in ihrer völligen Unhaltbarkeit erkennen lassen.

---

Doch der Erfolg, der hier in Aussicht steht, ist er denn wirklich so ernster und vielfältiger Anstrengungen wert? — Als ich nach den Erörterungen in „Meinen letzten Wünschen" die gegnerische Annahme für endgültig entkräftet hielt, verhöhnte mich Krasnopolski[35]), daß ich mit der Widerlegung einer Begründung die These selbst widerlegt zu haben glaube. Und wirklich hat, zum gleichen Ziele zu gelangen, er seinerseits ganz andre Wege als Rittner, dessen Motivierung er für prinzipiell verwerflich hält, eingeschlagen. Wird nun, wenn ich auch Krasnopolski's Versuch als verfehlt erweise und dann die These unhaltbar nenne, nicht sofort der Vorwurf sich erneuern?

Doch der Fall liegt anders. Schon nach der Widerlegung der Rittnerschen Argumentation hatte ich wohl guten Grund anzunehmen, daß, indem gegen Rittner, zugleich für mich entschieden sei. Denn über den Inhalt von

[35]) a. a. O. S. 15.

§ 63 bestand zwischen mir und dem Gegner keine Meinungsverschiedenheit[36]), und auch das Prager Landesgericht, das für die Gültigkeit der Ehe, und der Oberste Gerichtshof, der im Anschluß an Rittner dagegen entschied, waren in diesem Stücke nicht auseinandergegangen. Wenn sie zu entgegengesetzten Judikaten gelangten, so nur, weil der Oberste Gerichtshof sich durch den Gedanken an den character indelebilis der Weihe beeinflussen ließ oder meinte, das bürgerliche Recht könne ohne wesentliche Fälschung des Gesetzesinhalts dem Begriffe „Geistlicher" den Begriff „einer, den die Kirche, aber nicht ich für einen Geistlichen halte", substituieren. Da galt es denn 1. nachzuweisen, daß eine Rücksicht auf den character indelebilis beim Ehehindernis der Weihe so wenig als beim Ehehindernis der Religionsverschiedenheit statthaben kann, und 2. darzuthun, daß jene Vertauschung zweier verschiedener Begriffe eine schlechthin unzuläßige Alteration ist und, das Wort dem Geist der Gesetzgebung entfremdend, konsequent ins Werk gesetzt zu den absurdesten Ergebnissen gelangen läßt. Beides ist geschehen, und das Resultat liegt streng erwiesen und zu anschaulicher Klarheit gebracht allen vor.[37]) Von da an bestand für den, der auf der alten Interpretation des Gesetzes, auf derjenigen, die Freunde wie Gegner bisher ausnahmslos als richtig betrachtet hatten, noch fußen wollte, keine Möglichkeit mehr, anders, als es von uns geschieht, zu entscheiden, und meine Hoffnung, der strittige

---

[36]) Vgl. Meine letzt. Wünsche f. Ö. S. 21.

[37]) Vergl. für das erste M. letzten Wünsche f. Ö. bes. S. 66 ff.; für das zweite ebend. S. 21—26, S. 56 f. Ich komme auch im Folgenden nochmals darauf zurück.

Punkt sei vor dem Forum der Wissenschaft endgültig erledigt, dürfte unter solchen Umständen kaum so thöricht gewesen sein, als Krasnopolski glauben machen will. Nach der Untersuchung gegen ihn, wenn sie wirklich beweist, was ich oben als These behauptet, wird sie nun gar als vollgesichert erscheinen. Denn, wenn derjenige, welcher von der alten und, wie ich sagte, Freund und Feind bisher gemeinsamen Deutung abgeht, zu einer solchen Auslegung wie Krasnopolski greifen muß; wenn er dem klaren Wortlaut und dem Geist des Gesetzes gleichmäßig zu widersprechen genötigt ist, und auch Vorgeschichte und Protokolle, die er als Zeugen aufruft, sich offen gegen ihn erklären: so kann doch wohl kein Zweifel darüber bestehen, daß das Mittel, durch Umdeutung des Inhalts von § 63 a. b. G. B. unsern Schlüssen zu entgehen, überhaupt unanwendbar ist. Auch wird man, wenn man sieht, wie klar das Gesetz hier spricht, und wie offenbar unberechtigt darum der ganze Versuch von vornherein erscheinen mußte, es mir kaum mehr verargen, wenn ich auf eine solche Möglichkeit zunächst gar nicht reflektiert hatte.

Doch, um da, wo es sich um den Inhalt von § 63 a. b. G.B. handelt, genau und im vollsten Sinn erschöpfend zu sein, will ich es nicht unerwähnt lassen, daß außer meiner Auslegung, die hier nichts Neues brachte, und derjenigen, welche Krasnopolski empfiehlt, wohl auch noch eine dritte denkbar wäre; ja eine solche, die, minder kühn als die von Krasnopolski, dem Wortlaut von § 63 keine so schlechthin ungebührliche Gewalt anthun würde. Immerhin paßt sie sich nicht so glücklich als die unsrige den Worten an und ist unwahrscheinlich noch aus mehrfach anderm Grunde. Im übrigen und in der wichtigsten Beziehung, nämlich was die Konsequenzen für den Fall des Austritts aus der Kirche anlangt, steht sie der unsrigen völlig gleich, und ich würde, da dies sichtlich ist, mich jeder Auseinandersetzung mit ihr enthalten können, hätte ich nicht gefunden, daß Krasnopolski geneigt ist, sie gelegentlich mit der unsrigen zu konfundieren und durch den Hinweis auf ihre Schwächen auch unsere Auslegung in üblem Licht erscheinen zu lassen. Er hat sich, trotz der Unzweideutigkeit, mit welcher ich zu wiederholten Malen mich ausgesprochen[38]), offenbar eine beträchtlich irrige Vorstellung von ihr gebildet. Damit nun der Leser durch seine Darstellung nicht irre geleitet werde, will ich sie hier abermals und in aller Schärfe kennzeichnen, indem ich jene andre, sachlich äquivalente ihr gegenüberstelle und, wie ihren Unterschied hinsichtlich des Inhalts, so auch den in Bezug auf ihre wissenschaftliche Berechtigung hervorhebe.

Meine Ansicht über den Inhalt von § 63 a. b. G. B. ist also folgende:

Das Ehehindernis „wegen Weihe oder Gelübde", welches das a. b. G. B. von 1811, beziehungsweise das West-galizische Gesetzbuch von 1797 festgesetzt hat, ist dasselbe wie das, welches die Josefinische Gesetzgebung (1783

---

[38]) So sage ich z. B. („M. letzten Wünsche" S. 21), die Begriffe seien mit den im kirchlichen Gesetz verwandten inhaltlich identisch.

und 1786) enthielt, mit dem einzigen Unterschiede, daß die neue Gesetzgebung die Grenzen, welche früher mit Rücksicht auf Ritus und Schisma bestanden hatten, beseitigt. M. a. W. wie v. Zeiller vom Josefinischen Gesetz sagte, daß es die kanonischen Bestimmungen beibehalten habe, so behaupte ich (von dem oben berührten Unterschied absehend) dasselbe vom a. b. Gesetzbuch. Ich halte mit Rittner u. a. dafür, daß (wie auch Krasnopolski[39]) in einem unbewachten Augenblick sich äußert) in diesem Sinn die Bestimmungen des kanonischen Rechts vom österreichischen bürgerlichen Recht recipiert worden sind, ohne daß dieser Umstand die Aufstellungen des bürgerlichen Rechts der selbständigen Gültigkeit beraubte. Der Ausdruck „Ehehindernis wegen Weihe" ist als Übersetzung des im kanonischen Recht üblichen Ausdrucks „impedimentum ordinis", der Ausdruck „Ehehindernis wegen Gelübde" als Übersetzung des dort gebrauchten Ausdrucks „impedimentum voti solennis" anzusehen.

Was der Paragraph nach meiner Ansicht besage, erkennt man hiernach am deutlichsten, wenn man die Bestimmung des Konzils von Trient (De reform. matrim. Sess. XXIV, can. IX.) vergleicht. Da heißt es:

Si quis dixerit, clericos in sacris ordinibus constitutos vel regulares castitatem solenniter professos posse matrimonium contrahere, contractumque validum esse non obstante lege ecclesiastica vel voto . . . . : anathema sit.

---

[39]) a. a. O. S. 12.

Ich betrachte den Ausdruck „Geistliche, welche schon höhere Weihen empfangen haben", als sinngetreue Übersetzung von „clerici in sacris ordinibus constituti"; und ich betrachte den Ausdruck „Ordenspersonen von beyden Geschlechtern, welche feyerliche Gelübde der Ehelosigkeit abgelegt haben" als sinngetreue Übersetzung von „regulares castitatem solenniter professos".

Beide kanonische Ausdrücke bezeichnen einen Stand; der eine den Stand der Geistlichen höherer Weihen, der andre den Stand der Ordensprofessen mit solennen Gelübden.

Das also meine Deutung.

Und welches ist nun die Auslegung, welche ich im Vergleich mit ihr als praktisch indifferent, exegetisch aber verschieden und darum nicht empfehlenswert bezeichnete? Sie ist diejenige, welche den im Text des Gesetzes enthaltenen Worten: „Geistliche, welche schon höhere Weihen empfangen", den Sinn gäbe: „Personen, welche zum Klerus gehören und einmal eine höhere Weihe empfingen"; und welche die im Texte enthaltenen Worte: Ordenspersonen von beyden Geschlechtern, welche feyerliche Gelübde der Ehelosigkeit abgelegt haben", interpretierte: „Personen, welche dem Ordensstande angehören und einmal das feierliche Gelübde der Keuschheit ablegten."

Der Leser erkennt von selbst, worin der Unterschied gegenüber meiner Deutung besteht, und versteht wohl auch ohne weiteres, warum ich ihn praktisch belanglos nenne. In der That, auch nach ihr muß jemand, um dem Ehehindernis zu unterliegen, sei es als zum Klerus, sei es als zum Ordensstand der Kirche gehörig, als Glied derselben betrachtet werden, was von seiten des österreichischen Staats nach legalem Austritt nicht möglich ist.

Fragt man aber, warum ich diese Deutung ablehne, so antworte ich, daß sie mit dem Wortlaut zwar nicht schlechterdings unvereinbar, aber doch durch diesen selbst schon als unwahrscheinlich zu erkennen ist, und daß noch andere Momente, wovon sofort mehr[40]), dagegen sprechen.

Erläutern wir kurz das erste!

Wenn (nach dieser Auslegung selbst) die Bestimmung des Ehehindernisses von § 63 mit dem Wort „Geistliche" im Sinne von „Personen, die zum Klerus gehören" anhebt; und wenn sie ebenso in ihrem zweiten Teile mit dem Ausdrucke „Ordenspersonen" im Sinne von „Personen, die zum Ordensstande gehören" beginnt: so weist dies nicht undeutlich darauf hin, daß das Gesetz hier spezielle Vorschriften für gewisse kirchliche Stände geben will. Und wie sollte es dann nicht in hohem Grad unwahrscheinlich sein, daß bei solcher Absicht, und nachdem die erste Hälfte jedes der beiden Teile der Bestimmung sich auf einen Standescharakter bezieht, die zweite, abspringend, eine gewisse einmal stattgehabte Handlung ins Auge faßte, und nicht vielmehr den besondern, nach dem Kirchenrecht hier maßgebenden Klassenunterschied des geistlichen Standes höherer Weihen (beziehungsweise des Ordensstandes solenner Gelübde) namhaft machte? — Kein Unbefangener wird dies zu bestreiten vermögen.

---

[40]) Vergl. unten S. 36 f. S. 93 ff.

Die Worte erleiden dabei auch gar keinen grammatischen Zwang. Das Gesetz spricht hier von Geistlichen, welche einen Weihegrad erlangt, und Ordenspersonen, welche durch Gelübde der Ehe entsagt haben, wie es ein andres Mal von einem enterbten Kinde oder von einem Verbannten oder (um ein Beispiel Krasnopolski's[41]) zu gebrauchen) von einem erklärten Verschwender spricht, und wie allgemein die Leute von einem Hunde, der sich verlaufen hat, oder von einem verlorenen Gulden u. s. w. reden. Man zielt dabei nicht auf Vergangenes, sondern auf jetzt Bestehendes. Das Gesetz nennt einen ein „enterbtes Kind", „einen erklärten Verschwender nur so lange, als er der rechtlichen Erklärung unterliegt; und ähnlich nennt man gemeiniglich einen Hund nur so lange „verlaufen" oder einen Gulden „verloren", als er sich nicht wieder gefunden hat. Freilich nicht immer; kann man doch auch in einem Atem von einem verlorenen und wiedergefundenen Gulden sprechen. Bei gleichmäßiger grammatischer Möglichkeit ergiebt aber doch, selbst auf den Wortlaut allein geachtet, die obige Erwägung für die von uns bevorzugte Exegese eine stark überwiegende Wahrscheinlichkeit.

Sie wird erhöht durch den Vergleich mit § 179 a. b. G.B. auf welchen Krasnopolski selbst in treffender Weise aufmerksam macht[42]), wo der Ausdruck „Personen, welche den ehelosen Stand nicht feierlich angelobt haben" so viel sagt wie „Personen, welche nicht durch solenne Gelübde der Ehelosigkeit gebunden sind". Und sie wird aber-

---

[41]) a. a. O. S. 32.
[42]) a. a. O. S. 34.

mals erhöht durch den Vergleich mit dem Wortlaute des § 25 III. Jos. G.B., in welchem das Ehehindernis verbunden wird mit dem „Stande der Geistlichkeit und den abgelegten Gelübden", wo das eine Glied in seiner Unzweideutigkeit die Zweideutigkeit des andern mindert, und die Bemerkung, es bleibe „das bisher Bestehende unabgeändert", sie völlig hebt; so wie mit den Ausdrücken des tridentinischen Kanons, welche das W.G. Gesetzbuch sinngetreu zu übersetzen scheint, und von denen der Ausdruck „in sacris ordinibus constituti" wohl für niemanden etwas an Klarheit vermissen läßt. Ich will hier nicht ausführlicher werden; wer danach verlangt, findet noch mehr Momente, die dafür sprechen, in dem, was wir, gegen Krasnopolski argumentierend, über die Protokollberichte bemerken werden[43]).

Doch nun genug in diesem Zwischenakt und zurück zu unserm Manne! Gegenüber seiner Interpretation haben wir noch ganz andere als bloß exegetische Interessen zu schützen; zum Glücke aber stehen uns ihr gegenüber auch ungleich kräftigere Waffen zu Gebote.

Ich sage also:

I.

Die Auslegung von § 63 a. b. G.B., die Krasnopolski empfiehlt, widerspricht dem klaren Wortlaut des Gesetzes.

Wie lautet das Gesetz?

---

[43]) Vergl. S. 93 ff.

Der § 63 a. b. G.B. bestimmt: „Geistliche, welche schon höhere Weihen empfangen, wie auch Ordenspersonen von beiden Geschlechtern, welche feierliche Gelübde der Ehelosigkeit abgelegt haben, können keine gültigen Eheverträge schließen."

Und was ist nach Krasnopolski sein Inhalt?

Krasnopolski sagt: Der § 63 a. b. G.B. knüpft das Ehehindernis einzig und allein an die Thatsache des Empfangs einer höhern Weihe oder der Ablegung eines solennen Gelübdes der Ehelosigkeit und nimmt darauf, ob die betreffende Person ein Geistlicher, beziehungsweise eine Ordensperson sei, keine Rücksicht.

Wenn es darum, was Krasnopolski als unleugbar zugesteht, seit 1868 in Österreich auch Personen geben kann und giebt, welchen eine höhere Weihe erteilt worden, welche aber in den Augen des Staats und in allen bürgerlichen Beziehungen als Nichtgeistliche anzusehen sind; und wenn es ähnlich seit jener Zeit in Österreich Personen geben kann und giebt, welche solenne Gelübde abgelegt haben, welche aber in den Augen des Staats und in allen bürgerlichen Beziehungen als Nichtordenspersonen betrachtet werden müssen: so sind solche Nichtgeistliche, welche höhere Weihen empfangen haben, unter die „Geistlichen, welche schon höhere Weihen empfangen haben" zu rechnen; und solche Nichtordenspersonen, welche solenne Gelübde der Ehelosigkeit abgelegt haben, unter den „Ordenspersonen, welche solenne Gelübde abgelegt haben", von welchen das Gesetz spricht, zu begreifen.

So Krasnopolski.

Ich frage nun: Ist diese Erklärung mit dem klaren Wortlaute des Gesetzes in Übereinstimmung? — Jeder Unbefangene wird hier mit nein antworten, denn der Widerspruch ist handgreiflich. Nichtordenspersonen sollen Ordenspersonen sein, Nichtgeistliche sollen Geistliche sein; das ist, was dem Grundprinzip alles analytischen Denkens zuwiderläuft.

Eigentlich wäre hier kein weiteres Wort beizufügen; die Klarheit ist so vollkommen, daß sie nicht gesteigert werden kann. Da aber Krasnopolski wiederholt Versuche gemacht hat, diese Klarheit zu trüben, so werden wir es uns nicht ersparen — und wer sollte hier nicht mit einer gewissen Spannung der Betrachtung folgen? — die Mittel, deren er sich bedient, aufzuweisen und insbesondere die Logik zu würdigen, die der kühne Meister hier in Anwendung bringt.

Da ich in den „letzten Wünschen" Rittner bekämpfte, rühmte ich, daß er „in anerkennenswerter Weise faßlich" spreche;[44]) da ich die erste Abhandlung von Krasnopolski kritisierte[45]), mußte ich über teilweise Unverständlichleit klagen. Durch meine Beschwerde gedrängt, ist er nun in der zweiten mehr mit der Sprache herausgerückt, so daß ich jetzt seine Meinung in allem Wesentlichen verstehe und auch jedem Leser verständlich machen kann; denn freilich von jener faßlichen Klarheit Rittners bleibt Krasno-

[44]) M. letzten Wünsche f. Ö. S. 21.

[45]) Noch e. Wort ü. d. Eheh. d. h. W. u. f. G. S. 6. (Beil. S. 146.)

polski's Darstellung auch diesmal weit entfernt. Daß ich aber, in dieser Hinsicht das Unterlassene nachholend, bei verändertem Wort dem Sinne Krasnopolski's treu bleibe, davon wird sich jeder überzeugen, der, meinen Kommentar in Händen, die Stellen, auf die ich verweise, vergleichen will. Die meisten finden sich von S. 32 bis zum Ende, denn Krasnopolski hatte sich die schwierige Aufgabe, sich dem Wortlaut des Paragraphen gegenüber zu rechtfertigen, bis zuletzt aufgehoben; doch bleibt einzelnes früher Gesagte zur Ergänzung dienlich.

Die Mittel, deren Krasnopolski sich bedient, sind hiernach folgende acht:

1. Ein kühner Paralogismus, durch welchen er mich von meiner Interpretation abdrängen und die ihr äquivalente, exegetisch schwache, von der ich sprach, ihr substituieren will.

2. Ein dogmatisches und kirchengeschichtliches Falsum.

3. Ein neuer Paralogismus, durch welchen er die dogmatisch und kirchengeschichtlich unhaltbare Behauptung benützen will, um zu zeigen, daß die Ausdrücke „Geistliche, die höhere Weihen empfangen haben“ und „Wer höhere Weihen empfangen hat“ äquivalent seien.

4. Ein neuer Paralogismus, der den angeblichen Beweis dafür, daß das Ehehindernis einzig an die Thatsache des Empfangs der Weihe (be-

ziehungsweise der Ablegung des Gelübdes) geknüpft sei, zu Ende führt.

5. Ein irreführender Vergleich unseres Falles mit dem eines erklärten Verschwenders.

6. Die unwahre Behauptung, unsere Auslegung verwandle den Inhalt des § 63 in eine Norm über die Dauer des Ehehindernisses.

7. Ein wirklicher Nachweis, daß die Ausdrücke „Geistliche, welche höhere Weihen empfangen haben" und „Personen, welche höhere Weihen empfangen haben" dasselbe bedeuten können, und eine paralogistische Verwertung desselben.

8. Eine willkürliche Deutung des Titels von § 63 a. b. G.B.

Erläutern wir jeden dieser acht Punkte im besondern.

Ich sage 1.: Krasnopolski will mich durch einen Paralogismus von meiner Interpretation abdrängen und die ihr äquivalente, exegetisch schwache, die ich ablehne, ihr substituieren.

Nach meiner Auffassung ist, wie wir uns erinnern, die Bestimmung des § 63 mit jener der frühern Gesetzgebung in den für uns wesentlichen Beziehungen inhaltlich identisch. Nun habe ich aber in meiner ersten Schrift gegen Krasnopolski stark betont, daß es nicht erlaubt sei, sich bei der Auslegung mit dem klaren Wortlaut des Gesetzes in Widerspruch zu setzen, und daraufhin verbietet mir Krasnopolski[46]) das Festhalten an jener Identität, da der Wortlaut des Josefinischen Gesetzes ein wesentlich verschiedener sei.

Verschieden nun ist der Wortlaut des Josefinischen Gesetzes ohne Zweifel, und in gewisser Beziehung vielleicht auch wesentlich verschieden, sicher aber nicht in derjenigen, die uns hier angeht. Das Josefinische Gesetzbuch verknüpft das Ehehindernis mit dem „Stande der Geistlichkeit", und das könnte, unter Abstraktion von allem andern, was nicht etwa bloß ein Verfasser des Gesetzbuchs, sondern das Gesetzbuch selbst zu erkennen giebt, das Verständnis irre führen. Nun werden wir ja aber zugleich auf das kanonische Recht verwiesen, und so wenig dort ein Zweifel sein kann, daß unter den „sacris ordinibus" des tridentinischen Kanons nicht geistliche Weihen jeden Ranges, sondern nur höhere geistliche Weihen[47]) verstanden werden, so wenig kann man hier versucht sein, den Begriff „Stand der Geistlichkeit" weiter als den des Standes der Geistlichkeit höherer Weihen auszudehnen.

Ähnliches gilt hinsichtlich des Ausdrucks „abgelegte Ordensgelübde", den teils die Zusammenstellung mit „Stand der Geistlichkeit", teils und insbesondere wieder die Rücksichtnahme auf den tridentinischen Kanon der Zweideutigkeit entkleiden muß, während der Text des W.G. Gesetzbuchs, wie ihn das a. b. G.B. rezipiert hat, indem er, in genauerm Anschluß an den kirchlichen Kanon, das Wort „Ordens-

---

[46]) a. a. O. S. 22.

[47]) Vgl. unten S. 96, Anm. 99.

personen" („regulares") enthält, die Beziehung auf den Stand mit unmittelbarer Deutlichkeit zu erkennen giebt. Das ist ein wesentlicher Vorzug des Wortlauts, aber, wie ich sagte, kein wesentlicher Unterschied desselben in Bezug auf uns, denen es ja hier nicht auf formelle, sondern nur auf inhaltliche Differenzen ankommen kann.

So kann ich denn unmöglich Krasnopolski die verlangte Konzession machen, um dann meine Exegese wegen aller der Mängel, die ich selbst an einer andern Interpretation aufgewiesen, in Anklagestand versetzt zu sehen[48]).

Und so viel über das erste Mittel, das Krasnopolski verwendet.

Ich sage 2.: Krasnopolski stellt eine dogmatisch und kirchengeschichtlich unhaltbare Behauptung auf.

Schon in Verings Archiv hatte Krasnopolski behauptet, wer so wie ich Gegner seiner Auffassung sei, setze den Empfang höherer Weihen gleich dem „Geistlicher werden" und leugne somit, daß der Empfänger höherer Weihen bereits als Minorist zum Klerus gehört habe. Ich las damals, staunte und protestierte in meinem und unser aller Namen gegen den uns angedichteten Irrtum[49]), in dem thatsächlich niemand, der etwas von kirchlichen Einrichtungen kennt, befangen sein kann. Die Broschüre, die uns Krasnopolski's zweite Abhandlung bringt, enthält auch die erste

---

[48]) Vgl. z. B. S. 34 ff.
[49]) Noch e. Wort ü. d. Eheh. d. h. W. S. 4. (Beil. S. 145.)

in neuem Abdruck. Ich las nun abermals und staunte noch mehr. Trotz Protest, trotz ausdrücklichstem Bekenntnis erschien die alte Unwahrheit unverändert[50]; ich und selbst ein Kirchenrechtslehrer wie Maassen sollen in so unglaublicher Weise unwissend sein.

Auch wie diese Entstellung Krasnopolski's Sache fördern solle, schien mir unfaßlich[51].

Doch die zweite Abhandlung hat mir in beiden Beziehungen Aufklärung gebracht. Da sah ich nämlich, daß Krasnopolski, indem er uns einen Irrtum zuschreibt, selbst in einem schweren Irrtume sich befindet, der, da Dogmatik und Kirchengeschichte nicht zu seinem Fachstudium gehören, ihm nicht verübelt werden soll. Was Krasnopolski meint, ist nicht, daß thatsächlich der Empfang der niedern Weihen dem der höhern vorauszugehen pflegt, sondern daß ohne solche Vorbereitung diese höhere Weihe gar nicht gültig empfangen werden könne[52]. Er scheint sich das Verhältnis ähnlich wie das des Empfangs der Taufe für den gültigen Empfang irgend welchen andern Sakraments zu denken.

Aber die ordines minores, und sogar das Subdiakonat, werden, wie der Theologe weiß, nicht als Teile des Sakraments der Weihe und nicht als göttliche, sondern

---

[50]) Krasnopolski a. a. O. S. 8.

[51]) a. a. O. S. 4. (Beil. S. 146.)

[52]) a. a. O. S. 32. Da mir das Wort, minder stark betont und mit andern wechselnd, in der ersten Abhandlung (a. a. O. S. 8) begegnet war, hatte ich es als Ausdruck der Thatsache gedeutet, daß man jetzt thatsächlich, ohne Minorist zu sein, zu den höhern Weihen nicht zugelassen wird.

als kirchlich menschliche Institutionen betrachtet, die erst im Laufe der Zeiten eingeführt worden sind[53]). Würde heutzutage, diesen Einrichtungen zuwider, ein Bischof wissentlich einem Laien die Diakonatsweihe unmittelbar erteilen, so wäre er schuldbar, aber die Weihe wäre ebenso wie sonst gültig[54]). Letzteres gilt auch für den Fall, daß der Bischof in Ansehung der mangelnden ordines minores in Unkenntnis wäre; sei es, daß ein Laie sich freventlich einschliche, sei es, daß er ob irgendwelchem wesentlichen Fehler in Bezug auf Materie und Form, wie er ja ähnlich selbst bei der Taufe vorkommen kann und vorgekommen ist, die ordines minores ungültig empfangen hätte.

Es fragt sich nun, ob — oder vielmehr, es fragt sich nicht, und auch Krasnopolski wird es gewiß nicht leugnen, daß der § 63 a. b. G.B. auch die in solcher Weise zu höherer Weihe Gelangten einbegreifen würde, und daß, wenn die Kirche (was sie könnte) die Tonsur und die ordines minores außer Übung setzte, der § 63 a. b. G.B.

---

[53]) In der griechischen Kirche sind selbst heute nur 4 statt der lateinischen 7 Weihen üblich.

[54]) Daß solche Fälle thatsächlich wiederholt vorkamen, zeigt der Bestand eines eignen terminus technicus „promotus per saltum“. (Decret. I 5 tit. 29 cap. 1. Trid. Sess. 24 cap. 14.) Bei Hähnlein, Principia theologiae moralis, Wirceburgi 1855 p. 661 findet sich darüber folgende Bemerkung: Qui praetermisso inferiori altiorem suscipit ordinem per saltum, ordinem hunc altiorem (si excipiatur Episcopatus omisso Presbyteratu) valide quidem, sed illicite recipit. Si ex mala fide id agit, non solum mortaliter peccat, sed insuper suspensionem ab exercitio suscepti ordinis incurrit. Si vero dolo caruerit, non peccat, neque suspensionem tanquam censuram incurrit; ab exercitio tamen suscepti ordinis prohibetur, donec susceperit ordinem, quem omisit.

nach wie vor auf die Kleriker höherer Weihen anwendbar erschiene. Somit ruht Krasnopolski's Auslegung von § 63, insofern sie verlangt, daß der Empfänger höherer Weihen, von dem das a. b. G.B. spricht, bereits Geistlicher sein müsse, auf unhaltbarer Grundlage. Auslegungen, wie die, welche dem Gesetze den Sinn unterlegten: „Geistliche, welche höhere Weihen empfangen, machen sich dadurch für immer der Ehe unfähig," auch wenn sie (was ich bestreite) ohne Zwang mit dem Wortlaut in Einklang zu bringen wären, erscheinen schon in Rücksicht auf die Fälle der „promotio per saltum" schlechthin ausgeschlossen.

Aber wie verwertet denn Krasnopolski seine nunmehr als falsch erwiesene Behauptung?

Ich sage 3.: Er begeht einen neuen Paralogismus und gelangt nur so zu dem Satze, welchen er aus der dogmatisch und kirchengeschichtich unhaltbaren Aufstellung erschließen will, daß nämlich die Ausdrücke „Geistliche, die höhere Weihen empfangen haben" und „Wer höhere Weihen empfangen hat" äquivalent seien.

Wir müssen ihn hier selbst hören.

„Unbestritten," sagt er, „ist, daß nur Geistliche im wirklichen Sinne höhere Weihen empfangen können, daß somit Subjekt des Empfangs nur Geistliche sein können. Es ist somit, wenn etwas ausgesagt wird von solchen Personen, die höhere Weihen empfangen haben, vollkommen gleichgültig, ob man sagt „Wer höhere Weihen empfangen hat“ oder „Geistliche, die höhere Weihen empfangen haben.“ So Krasnopolski[55]).

Daß hier ein Paralogismus vorliegt, dürften die meisten Leser ohne Nachhilfe erkennen. Doch möge folgendes einfache Beispiel gleichen Schlußverfahrens den Fehler illustrieren. Es giebt Verbindungen, in welche nur Studenten eintreten können. Also sind die Ausdrücke „eine Person, welche in diese Verbindung eintritt“ und „ein Student, welcher in diese Verbindung eintritt“ äquivalent. Also sind es auch die Ausdrücke „eine Person, welche einmal in diese Verbindung eintrat“ und „ein Student, welcher einmal in diese Verbindung eintrat“. — Wäre dieser Schluß richtig, so wäre mancher, der Professor ist, offenbar, statt Professor zu sein, vielmehr heute noch Student.

Um seine Argumentation von dem Vorwurf des Paralogismus zu befreien, müßte Krasnopolski dem Ausdruck „Geistliche, welche schon höhere Weihen empfangen haben“ den Sinn geben „Wer als Geistlicher höhere Weihen empfangen hat“. Wer aber sieht nicht, daß dies eine grammatische Gewaltthat und darum, schon abgesehen von der eben nachgewiesenen Folge einer mehrfachen von der Gesetzgebung gewiß nicht beabsichtigten Beschränkung, unstatthaft wäre? Bei diesen Worten so wenig als bei dem Ausdruck „clerici, in sacris ordinibus constituti“ des tridentinischen Kanons ist wohl je einem andern als Krasnopolski ein solcher Gedanke aufgestiegen, und insbesondere

[55]) a. a. O. S. 32.

hat darum auch von den Verfassern des Gesetzbuches ihn keiner hier gedacht.

Ehe wir zur Erläuterung des vierten Punktes übergehen, muß ich noch einen Augenblick verweilen, um dem Leser in dem komplizierten Gedankengang Krasnopolskis etwas aufzuklären, was zunächst vielleicht ihn wie mich verwundert haben wird.

Wenn Krasnopolski denn doch einmal den eben besprochnen Paralogismus sich erlauben wollte, so hätte er, scheint es, auch ohne die angebliche Notwendigkeit vorausgegangener niederer Weihen zu urgieren, dasselbe erreichen können. Denn das jedenfalls ist unbestritten und auch „nach Brentano unbestreitbar“[56]), daß eine Person unmittelbar nach Empfang höherer Weihen ein Geistlicher ist. Also sind die Ausdrücke „Wer soeben höhere Weihen empfangen hat“ und „Geistliche, welche soeben höhere Weihen empfangen haben“ wirklich äquivalent. Und nun könnte man, nach Krasnopolski'scher Methode weitergehend, ganz artig folgern: also sind es auch schlechtweg die Ausdrücke „Wer höhere Weihen empfangen hat“ und „Geistliche, welche höhere Weihen empfangen haben“. — Wozu also der ganze Rekurs auf eine, wie sich dann schließlich herausstellt, unwahre Behauptung der Notwendigkeit vorausgegangener niederer Weihen?

Eine Stelle auf S. 33 giebt darüber Aufklärung. Krasnopolski möchte das Ehehindernis einzig und allein an

---

[56]) Krasnopolski a. a. O. S. 32.

die Thatsache des Geweihtwerdens knüpfen und es von jeder Beziehung auf den dadurch erlangten Weihestand frei erscheinen lassen. Er bekämpft es mit Vehemenz als ein logisches Verbrechen (hätte er doch selbst kein schwereres auf dem Gewissen!), wenn einer es sich herausnimmt, das Subdiakonat als unmittelbare, das Ehehindernis aber als mittelbare Wirkung an die Ordination geknüpft zu denken. In Wahrheit wäre ja in solchem Fall seine Sache verloren. Und so darf er denn auch den Ausdruck „Geistlicher" nicht auf den durch die Weihe selbst gegebenen, sondern muß ihn auf einen vorgängig erlangten Grad beziehen. Der Sinn wäre also: „Inhaber der vier niedern Weihen, welche schon höhere Weihen empfangen haben, können u. s. w.".

Ob Derartiges wahrscheinlich, ob es nicht vielmehr in hohem Grad befremdlich und ihm als unbefangenem Leser des Paragraphen niemals in den Sinn gekommen sei, das überlasse ich als nebensächlich jedem für sich zu untersuchen und zu entscheiden.

Ich sage 4.: Ein neuer Paralogismus ist es, durch welchen Krasnopolski den begonnenen Beweisversuch zum Abschluß bringt und zu dem Ergebnis gelangt, daß das Ehehindernis einzig an die Thatsache des Empfanges der Weihe geknüpft sei.

Sein Argument[57]) ist hier wesentlich folgendes:

---

[57]) Vergl. a. a. O. S. 33.

Der „Geistliche, welcher schon höhere Weihen empfangen hat", unterliegt nach § 63 a. b. G.B. dem Ehehindernis; wann und wie hat er es kontrahiert? — Als er noch Laie war, war er ihm nicht unterworfen; zog er es sich vielleicht damals, als er Geistlicher wurde, zu? — Nein! denn Geistlicher wurde er, als er die Tonsur empfing; auch als Minorist hatte er aber noch nicht dem Ehehindernis unterlegen. — Also vielmehr dadurch, daß er die höheren Weihen empfing. Indem dies Moment hinzukam, gehörte er ja nunmehr wirklich zu den „Geistlichen, welche höhere Weihen empfangen haben", und somit zu dem Subjekt, an welches das Gesetz das Prädikat der Unfähigkeit zu gültiger Eheschließung knüpft. — Da nun der Empfang der höheren Weihen und nicht das Geistlicher-werden ihn dem Ehehindernis unterwarf, so ist auch dessen Bestand ganz unabhängig davon, ob er Geistlicher ist oder nicht ist.

Als ich dieses merkwürdige Raisonnement Krasnopolski's las, erinnerte es mich lebhaft und in wehmütiger Weise an die Zeit unmittelbar vor Erklärung der Infallibilität, wo mein damaliger geistlicher Oberer, der milde und wohlmeinende Georg Anton von Stahl, Bischof von Würzburg, mich für das in Aussicht stehende Dogma gewinnen wollte.

„Ich," sagte er mir, „habe für die Infallibilität des Papstes einen geradezu mathematischen Beweis; soll ich ihn Ihnen darlegen? — Ich frage Sie: ist der Beschluß eines ökumenischen Konzils, ehe die Zustimmung des Papstes erfolgt ist, unfehlbar? — Nein. — Ist der Beschluß eines ökumenischen Konzils, nachdem die Zustimmung des Papstes erfolgt ist, unfehlbar? — Ja. — Also kommt mit der Erklärung des Papstes auch die Unfehlbarkeit hinzu. — Also ist die Erklärung des Papstes das, wodurch allein der Satz zum unfehlbaren wird. — Also ist der Ausspruch des Papstes für sich allein unfehlbar."

Ich staunte damals und verzichtete ehrfurchtsvoll auf jede Kritik. So will ich sie denn auch in unserm Fall, Krasnopolski gegenüber, dem vielleicht mit mir erstaunten Leser überlassen.[58])

[58]) Ich hätte zur Illustration auch des folgenden, nicht minder drastischen Vergleichs mich bedienen können. Eine Eisenbahnverordnung verbiete Personen männlichen Geschlechts, die das Alter der Kindheit überschritten haben, den Eintritt in die den Frauen reservierten Wagenabteilungen. — Solange eine männliche Person das Alter der Kindheit noch nicht überschritten hatte, unterlag sie dem Verbote nicht. Sie überschritt es, und dadurch wurde sie ihm unterstellt. Also ist das Überschreiten des Kindesalters das allein Entscheidende. Also muß man auch die Personen, die nicht männlichen Geschlechts sind, in dem Verbote, welches erwachsene männliche Personen von den Frauencoupées ausschließt, mit einbegriffen denken. — Das einzige, was Krasnopolski gegen diesen Vergleich einwenden könnte, daß nämlich nicht bloß männliche Personen es sind, welche das Alter der Kindheit überschreiten können, während, wie er meinte, nur Geistliche es sind, welche höhere Weihen empfangen können, ist durch unsre frühere Erörterung, die dies als irrig nachwies, ihm genommen.

Meint aber jemand, es bleibe doch insofern noch eine Differenz, als wenigstens nach den bestehenden Einrichtungen solch ein Fall nicht vorzukommen pflege, so kann ich mit einem andern Vergleiche dienen. Bei der Trauung, der kirchlichen wie der vor dem weltlichen Standesamte, sagt zuerst der Bräutigam, dann die Braut ihr „Ja". Wie nun, wenn einer sagte: Solange keiner gesprochen hatte, waren sie nicht verehelicht; sie waren es aber auch noch nicht, nachdem der Bräutigam gesprochen hatte: also ist das Jawort der Braut das einzige, worauf es ankommt, und ob das Jawort des Bräutigams

4*

Wir dürfen, um Krasnopolski's logischer Ehre nicht zu nahe zu treten, einen Umstand nicht unbeachtet lassen, der seinen Paralogismus hier in etwas milderm Lichte erscheinen lassen mag.

Wir erinnern uns, wie er sich und andern schlechterdings in den Kopf setzen wollte, daß der Ausdruck „Geistlicher" in dem Gesetzesparagraphen in exklusiver Rücksicht auf niedere Grade des geistlichen Standes gebraucht werde. Daß nun die Tonsur und die ordines minores im besondern keine ratio legis für das Ehehindernis abgeben können, ist wohl einleuchtend. Und so scheint denn die wahre ratio legis einzig in der zweiten Bestimmung, „welche höhere Weihen empfangen haben", zu suchen.

Indem ich dies der Gerechtigkeit halber hervorhebe, kann ich aber nicht umhin, beizufügen, daß Krasnopolski hier mit zweierlei Gewicht zu wägen liebt; und daß er, wenn er konsequent den Gedanken festhielte, notwendig zu entgegengesetztem Resultate gelangte. Denn wenn man einmal anfängt, hier nach der ratio legis zu fragen, so wird man sagen müssen, daß sie nur in dem Moment liegen könne, woran, sei es nach kirchlichem Gesetz, sei es nach kirchlicher Gepflogenheit[59]), die Enthaltung von der Heirat geknüpft wurde. Nun ist dies aber anerkanntermaßen der

---

dabei war oder nicht, ist ganz gleichgültig. Nein, das letzte Pfundgewicht, das in die Wagschale geworfen, sie zum Sinken bringt, wirkt nicht einzig und nicht energischer als jedes frühere, das der Kaufmann hineingelegt hatte.

[59]) Vgl. den in der Sitzung vom 13. Nov. 1809 von dem Staatsrat von Pfleger gegebenen Bericht. (Krasnopolski a. a. O. S. 5.)

Stand höherer Weihe, zu dem, wie die ordines minores, so auch die Weihehandlung nur als vorbereitende Bedingung sich verhält. Also ergiebt sich, daß auf den erreichten Stand des Geistlichen höherer Weihe alles ankommt, und daß, wie es auch in unsrer Deutung geschieht, bei dem Ausdruck „Geistlicher" im besondern gerade an diese Stufe des geistlichen Standes zu denken ist, welche der beigefügte Relativsatz in ihrer Eigentümlichkeit noch verdeutlicht. Man vergleiche das Jos. G.B., welches, indem es diese Verdeutlichung nicht einmal für nötig hält, sich einfach mit dem Worte „Geistlichkeit" im Sinne von „Geistlichkeit höherer Weihen" begnügt[60]).

Und sehen wir selbst davon ab, so muß bemerkt werden, daß der Ausdruck „Geistlicher", in seiner Allgemeinheit genommen, wenn man einmal, wie Krasnopolski und die von uns abgelehnte, der unsrigen äquivalente Interpretation es will, das zweite Merkmal in bloßer Beziehung auf ein Geschehnis betrachtet, durchaus nicht von der Art ist, daß er nichts, was zur ratio legis gehören könnte, enthielte. Im Gegenteil, er giebt dann, indem er sich mit dem zweiten Merkmale vereinigt, eben das, was allein vernünftigerweise als ratio legis betrachtet werden kann, indem daraufhin, wie kirchlich, so auch staatlich das Ehehindernis thatsächtich an den Stand des Geistlichen höherer Weihe geknüpft erscheint.

So gerät man denn, wenn man Krasnopolski hier

---

60) Jos. G. B. § 25 III.

einigermaßen rechtfertigen möchte, in die Scylla aus der Charybdis. Man findet in dem Gedankenknäuel, der sich in seinem Kopfe gebildet, die mannigfachsten Fäden des Irrtums eingeschlungen.

Ich sage 5.: Zu den Mitteln, deren sich Krasnopolski bedient, gehört auch ein irreführender Vergleich unsres Falles mit dem eines gerichtlich erklärten Verschwenders.

Der erklärte Verschwender bleibt unter Kuratel, wenn er auch kein Verschwender mehr ist, bis zur gerichtlichen Behebung derselben. Mit der Thatsache der Prodigalitätserklärung beginnend, findet die rechtliche Beschränkung nicht mit der Eigenschaft des Verschwenders als solchen ihr Ende[61]). Sie ist also nicht an sie, sondern an jenes Geschehnis geknüpft.

Ähnlich ist denn auch, meint Krasnopolski, die rechtliche Beschränkung des Geistlichen höherer Weihe zur Heirat, mit der Thatsache des Empfangs der höhern Weihen beginnend, nicht an seine Eigenschaft als Geistlicher höherer Weihen, sondern an die Weihehandlung geknüpft. Es mag nun noch so gewiß sein, daß er nicht mehr Geistlicher höherer Weihen ist, das Ehehindernis besteht fort; es bedürfte, damit die Beschränkung ihr Ende fände, einer besondern gesetzlichen Bestimmung darüber, unter welchen Umständen sie aufhöre.

---

61) Vgl. Krasnopolski a. a. O. S. 32 Z. 10 von unten, Z. 1 von unten.

Ich antworte: Der Vergleich kann nur dem treffend erscheinen, der sich durch eine syntaktische Äquivokation täuschen läßt. Hätte Krasnopolski ein collegium logicum bei mir gehört, so hätte er auch den Unterschied bezeichnet gefunden, der zwischen einer eigentlich attributiven und einer modifizierenden Bestimmung besteht, die das Eigenschaftswort dem Hauptwort verleiht. In dem Ausdruck „ein adeliger Verschwender" ist „adeliger" eine eigentlich attributive, inhaltbereichernde Bestimmung, in dem Ausdruck „ein erklärter Verschwender" ist „erklärter" eine modifizierende Bestimmung. So wenig in dem Ausdruck „vermeintes Glück" gesagt ist, daß der betreffende Gegenstand wirklich ein Glück, so wenig in dem Ausdruck „erklärter Verschwender", daß die betreffende Person wirklich ein Verschwender sei. Nein, auch wenn das Gericht ihn mit Unrecht als Verschwender erklärt hätte, er würde doch noch ebenso wie im normalen Fall ein erklärter Verschwender sein.

Ziehen wir die Konsequenzen! Da der erklärte Verschwender schon von Anfang an kein Verschwender sein mußte, um der Rechtsbeschränkung zu verfallen, so kann er natürlich auch dann, wenn er es war und zu sein aufhört, nicht von ihr frei werden. Unser Fall liegt anders. Um dem Ehehindernis der Weihe zu unterliegen, muß einer nach dem klaren Wortlaut des Gesetzes wirklich Geistlicher sein. Die weitere Bestimmung „welcher die höhern Weihen empfangen hat", verhält sich eigentlich attributiv; sie wirkt bereichernd, nicht modifizierend. Also ist's unmöglich, dieser Beschränkung jemand, der kein Geistlicher mehr ist, noch subsumiert zu denken.

Ich sage 6. Eine abermalige falsche Behauptung, durch welche Krasnopolski seine Sache stützen möchte, ist folgende: „Wer den § 63 a. b. G.B. in dem von Brentano verteidigten Sinn auslegt, legt ihm eigentlich nachstehende Bedeutung bei: „Solange jemand, der die höhern Weihen empfangen, Geistlicher ist, kann er keine gültige Ehe eingehen." Er „verwandelt die Norm über die Entstehung des Ehehindernisses in eine Norm über die Dauer desselben."

Daß die Gesetzgeber an solches nicht gedacht, werde am wenigsten ich leugnen, der ich geltend machte, daß zur Zeit von 1811 der Geistliche höherer Weihen auch in den Augen des österreichischen Staates gar nicht aufhören konnte, Geistlicher zu sein;[62]) ein Ausspruch, den ich später zu rechtfertigen haben werde.

Aber eben darum ist auch Krasnopolski's Behauptung eine handgreifliche Unwahrheit. Was ich behaupte, ist vielmehr, daß der Inhalt des Gesetzes mit dem des tridentinischen Kanons in den uns wesentlichen Beziehungen identisch sei. Da ich dies früher genau erörtert, habe ich hier nur auf das damals Gesagte zu verweisen.

Ich sage 7.: Ein weiteres Mittel bietet ein Argument, welches nirgends klar und präzis formuliert, doch an mehrfacher Stelle, und insbesondere S. 34 f.[63]), angedeutet ist.

---

[62]) Noch e. Wort ü. d. Eheh. d. h. W. S. 5. (Beil. S. 147.)

[63]) Auch S. 15 u. ö. finden sich Gedanken, die damit Verwandtschaft haben, vgl. unten S. 124.

Verleugnet es Krasnopolski, so soll er nicht sagen, daß ich ihm etwas unterschiebe[64]); es entfällt dann einfach und kann ebensowenig wie jetzt, wo ich es widerlege, seiner Sache dienen.

Dasselbe besteht in einem abermaligen Versuche nachzuweisen, daß die Ausdrücke „Wer höhere Weihen empfangen hat“ und „Geistliche, welche höhere Weihen empfangen haben“ äquivalent gebraucht werden könnten; einem Versuche, der im Gegensatze zu dem früher analysierten wirklich gelungen genannt werden muß, verbunden aber mit einer paralogistischen Verwertung des Ergebnisses. Und es wäre dieses Argument jedenfalls ein Fechterhieb ganz in dem glänzenden Stile des Meisters, den wir bereits in einer Reihe von Paralogismen zu bewundern Gelegenheit hatten.

Ich hatte[65]) gesagt, Krasnopolski handle aller Logik zuwider, wenn er die Ausdrücke „Jedermann, der höhere Weihen empfangen hat“ und „Geistliche, die höhere Weihen empfangen haben“ für äquivalente Termini zu nehmen sich erlaube. Es giebt aber, ich muß dies ehrlich zugestehen, einen Weg zu zeigen, daß man solches doch ohne Widerspruch zu thun vermag.

Die Aufgabe ist nicht einmal schwierig. Man braucht nur darauf aufmerksam zu machen, daß die Worte „Jedermann, der höhere Weihen empfangen hat“ in zweifachem Sinn verstanden werden können. Einmal können sie so viel

[64]) Vgl. Krasnopolski a. a. O. S. 26.

[65]) Noch e. Wort üb. d. Eheh. d. h. W. S. 5. (Beil. S. 146.)

heißen wie „einer, der thatsächlich einmal zum Subdiakon, Diakon, Presbyter geweiht wurde“; dann aber auch so viel wie „einer, der im Stande des so Geweihten sich befindet“. Wir haben das früher selbst mehrfach erläutert[66]).

Insoweit ist also nichts einzuwenden, und darum ist auch die weitere Forderung nicht abzuwehren, daß einer, dem, was ich gesagt, entgegen, unleugbar ohne Verstoß gegen die Logik die Termini „Jedermann, der höhere Weihen empfangen hat“ und „Geistliche, welche höhere Weihen empfangen haben“ für äquivalent nehmen könne. Der stolze Logiker Brentano ist also gründlich widerlegt.

Auch geht der Beweis dann rüstig weiter. Man braucht sich nur die Kleinigkeit zu erlauben, den Sinn, welchen man eben dem Ausdruck „Jedermann, der höhere Weihen empfangen hat“ substituiert hatte, indem man ihn als Bezeichnung des Standes des Geistlichen höherer Weihen nahm und so den Begriff „Geistlicher“ darin involvierte, mit dem andern, in welchem er nichts als die Beziehung auf eine einmal vorgekommene Handlung benennt, wieder zu vertauschen, und alles ist erreicht; es ist erwiesen, daß ein Geistlicher, welcher schon höhere Weihen empfangen hat, ein Nicht-Geistlicher sein könne.

Es ist, wie gesagt, nicht deutlich erkennbar, ob Krasnopolski wirklich dieses Argument gegen mich gültig erachtet, und es fällt mir nicht ein, die Schuld, die er durch eine Reihe von Paralogismen als Logiker auf sich geladen, noch ungerecht vermehren zu wollen; wenn er aber so dachte,

[66]) Vgl. oben S. 36.

dann begreift sich um so besser, was uns schon mehrfach verständlich geworden ist, daß er ein besonderes Interesse hatte zu betonen, daß „nicht die Logik auf dem Gebiete des Rechts zu herrschen berufen" sei[67]).

Die einfache Entgegnung, wenn es einer solchen bedarf, ist diese:

Nicht darum handelte es sich, ob der Terminus „Geistliche, welche höhere Weihen empfangen haben", mit dem Terminus „Jedermann, der höhere Weihen empfangen hat", in irgend welchem andern, sondern darum, ob er mit ihm in dem Sinne äquivalent gesetzt werden könne, in welchem Krasnopolski selbst ihn gebraucht. Und er wird nicht leugnen, daß seine Meinung dabei nicht mißzuverstehen war.

Mit andern Worten: Das Verfahren, wodurch mich Krasnopolski hier, wie es scheint, widerlegen zu können glaubt, ist dieses. Nachdem man in aller Wahrheit bewiesen, daß § 63 a. b. G.B., auch im Falle es statt „Geistliche, welche . . ." hieße „Jedermann, der . . .", nach einer mit dem Wortlaut vereinbaren, ja durch den Vergleich mit § 179 a. b. G. B., auf den Krasnopolski (a. a. O. S. 34) sich treffend beruft, überwiegend wahrscheinlichen Interpretation, noch immer nicht auf Nichtgeistliche anwendbar wäre: springt man plötzlich über zu dem Schlusse, daß er somit auch, wie er jetzt lautet, also bei einer Fassung, nach welcher er deutlichst das Merkmal „Geistliche" im Text enthält, ohne Widerspruch auf Nichtgeistliche Anwendung finden könne.

---

[67]) a. a. O. S. 15.

Wenn wir es eben mit einem Argument zu thun hatten, das bei Krasnopolski mehrfach und insbesondere S. 34 f. angedeutet scheint, ohne zu einer klaren Formulierung zu gelangen, so kann dagegen kein Zweifel darüber bestehen, daß Krasnopolski wirklich kein Bedenken trug, schließlich auch noch zu dem Mittel zu greifen, das ich an letzter Stelle namhaft machte.

Ich sage 8.: Krasnopolski deutet willkürlich die Überschrift von § 63 a. b. G.B. und spricht am Ende seiner Abhandlung, als ob sich durch die Berufung auf sie die Frage ganz ohne weiteres zu seinen Gunsten entschiede[68]).

In der That weiß man in der ironisch gehaltenen Stelle wie an mancher andern nicht, ob das Argument überhaupt ernst gemeint sei, oder ob unser Gegner sich nicht vielmehr einen der Wichtigkeit der Sache wenig angemessenen Scherz erlaubt habe.

Die Überschrift lautet bekanntlich so: [Hindernis] „wegen Weihe oder Gelübde".

Wenn irgend eine, trägt sie deutliche Zeichen davon, daß sie nicht den Inhalt des Gesetzes erklären, oder auch nur vollständig in sich aufnehmen, sondern durch irgend ein unterscheidendes Merkmal gegenüber andern im Gesetzbuch aufgestellten Ehehindernissen kennzeichnen will. Sie erfüllt so ihren Zweck vollkommen, sie giebt dem besondern Ehehindernis den besondern Namen. Beispielsweise sind darum

---

[68]) Vgl. a. a. O. S. 35.

die nach Krasnopolski ebenso wie nach uns wesentlichen Momente, daß die Weihe eine höhere, und daß das Gelübde ein Gelübde der Ehelosigkeit, und wieder daß es ein feierliches sein müsse, mit keinem Worte erwähnt.

Unter solchen Umständen kann offenbar nicht die Überschrift uns zeigen, was in dem Paragraphen Pleonasmus ist, sondern der Paragraph muß uns über das belehren, was in der Überschrift der Kürze halber fehlt. Zudem kann ja die Beibehaltung der Bezeichnung des kanonischen Rechts unmöglich aus einer Absicht, den Inhalt zu ändern, begriffen werden.

Das Plaidoyer Krasnopolski's für die Vereinbarkeit seiner Auslegung mit dem klaren Wortlaut von § 63 a. b. G.B.[69]) ist hiermit zu Ende. Und unser Urteil über die von ihm vertretene Sache ist, glaube ich, ebenfalls bereits festgestellt. Es ist kein anderes, als das, welches von vornherein erwartet werden mußte. Die in allen Stücken unglaublichen Anstrengungen Krasnopolski's haben offenbar zu nichts geführt. Ein halbes Dutzend kräftiger Para-

[69]) Dieses findet sich, wie gesagt, erst am Ende der Abhandlung (a. a. O. S. 32 Z. 15 bis Ende). Wir haben nicht das kleinste Teilchen unberücksichtigt gelassen. S. 32 Z. 15—19 entspricht unsrer Nummer 2; — ebd. Z. 18—22 unsrer Nummer 3; ebd. Z. 22 bis S. 33 Z. 8 unsrer Nummer 5; ebd. Z. 9—38 unsrer Nummer 4; ebd. Z. 38 bis S. 34 Z. 6 unsrer Nummer 6; ebd. Z. 7 ff. unsrer Nummer 7, und S. 35 Z. 20 bis Ende unsrer Nummer 8. — In Nummer 1 berücksichtigen wir S. 22 Z. 12 bis Ende des Absatzes, da auch diese Stelle zu der Frage in Beziehung gebracht werden kann, und der Absatz S. 34 Z. 7 ff. sich mit ihr berührt.

logismen und einen schweren Verstoß gegen Dogmatik und Kirchenrecht mußten wir nebst andern Mängeln namhaft machen, und damit fällt das Ganze.

Es bleibt also bei dem, was ich schon in der frühern Abhandlung sagte, „nach dem klaren Wortlaut des § 63 ist der bloß gewesene Geistliche höherer Weihen der gesetzlichen Bestimmung nicht subsumiert.“ Wer also noch glaubt, daß man vor dem klaren Wortlaut des Gesetzes sich in Ehrfurcht beugen müsse, muß Krasnopolski's Auslegung, schon weil sie diesem unverkennbar widerspricht, verwerflich nennen.

Und jeder Jurist, der ernst zu nehmen ist, wird es thun und Krasnopolski's Vorwurf der „Buchstabenjurisprudenz“ darob nicht scheuen. O nein! er fühlt sich der Pflicht, auf den Geist des Gesetzes zu achten, sehr lebendig bewußt. Wo ein Wort, in sich betrachtet, dunkel ist, oder wo die an und für sich zweifellose Bestimmung eines Paragraphen durch Kollision mit andern in Frage gestellt erscheint, und wieder wo es sich darum handelt, unvorhergesehene Fälle, sei es verwandten Fällen anzugliedern, sei es aus allgemeineren Prinzipien zur Entscheidung zu bringen: da wird niemand weniger als er es versäumen, den Geist des Gesetzes als erhabenen Schiedsrichter anzurufen. Aber weiter geht er nicht. Denn, wollten wir es thun und unter dem Vorgeben, daß nur der Geist Bedeutung habe, den klaren und nach allen Seiten gesicherten Wortlaut des Gesetzes nicht mehr als bindend betrachten, so hätten wir schließlich ein positives Gesetz gar nicht mehr in Händen, und ein sarkastisches Wort Goethe's würde in leichter Variation gegen uns verwendbar sein:

Was Geist ihr der Gesetze heißt,
Das ist im Grund der Herren eigner Geist.

Der der Gesetze sicher wäre es so wenig, daß vielmehr keiner sich gegen den Geist, nicht bloß einzelner Gesetze, sondern der positiven Gesetzgebung überhaupt schwerer als durch solchen subjektiven Unfug versündigen kann.

Eben darum habe ich bei der Feststellung des klaren Wortlauts so eingehend verweilt und jeden Schatten eines Zweifels zu beseitigen gesucht; ein Konflikt mit andern Gesetzen wird von niemand behauptet; und so ist denn mit dieser ersten Entscheidung in Wahrheit schon alles für uns entschieden.

Doch ich sage:

## II.

**Krasnopolski's Auslegung widerstreitet unzweifelhaft dem Geist des Gesetzes.**

Jede einzelne Gesetzesbestimmung ist Teil des Systems, Glied des Organismus; ein Geist, ein Wille muß es sein, in dem alle Glieder leben und sich bethätigen. Fehlte dieser einheitliche Geist durchwegs, so fehlte dem Gesetzeskörper überhaupt Wesen und Kraft; fehlte er einer einzelnen Teilbestimmung, ja stände dieselbe mit dem Ganzen und seinem Geiste in unleugbarem Widerspruch, so müßte dieser Buchstabe und dieser Teil, im Hinblick auf das, was der

Geist und das Ganze verlangen, verleugnet, er müßte als tot und erloschen betrachtet werden.

Untersuchen wir historisch, in welchem Geist der § 63 a. b. G.B. heute zu interpretieren und hinsichtlich der Sphäre seiner Anwendbarkeit zu begrenzen sei, so finden wir uns deutlich auf das Jahr 1868 verwiesen; wogegen das Jahr 1811, aus welchem das Gesetzbuch stammt, wenn überhaupt, nur sekundär und ganz indirekt in Betracht kommt.

Freunde und Gegner erscheinen in dieser Erkenntnis einig. Denn Maassen in dem schon angezogenen Vortrage[70]) und Glaser in der erwähnten Parlamentsrede[71]) lassen sie aufs entschiedenste hervortreten; und was Krasnopolski anlangt, so behauptet dieser sogar und betont es mit Nachdruck, daß der § 63, wie er heute im a. b. G.B. bestehe, als am 10. Juli 1868 neu in Wirksamkeit getreten und ganz, wie ein damals zum ersten Male gegebenes Gesetz, zu betrachten sei[72]).

Thatsächlich hat das österreichische Eherecht seit 1811 zweimal einer tiefgreifenden Umbildung unterlegen; beidemal wurde der alte Geist sozusagen entthront, und ein wesentlich neuer zur Herrschaft gebracht.

Die erste dieser Revolutionen fand statt in der Zeit des Konkordates. Hier ließ das kaiserliche Patent vom 8. Oktober 1856 in seiner zweiten Beilage geradezu und auf das bestimmteste erklären, daß die Staatsgewalt weder das

---

[70]) Vgl. oben S. 14 Anm. 4.

[71]) Vgl. oben S. 19 und unten S. 130.

[72]) a. a. O. S. 9 f.

Recht noch die Macht habe, ein impedimentum dirimens der Ehe für irgendwen zu schaffen oder zu beheben [73]).

Allerdings fällt es auf, daß das Patent, wenn es in der zweiten Beilage dies erklären läßt, in der ersten mit Rücksicht auf Nichtkatholiken gewisse Bestimmungen über die Gültigkeit von Eheschluß und Ehelösung selbst teils giebt, teils aufrecht hält. Der Gesetzgeber scheint also von einem Recht und einer Macht, die nach seiner eignen Überzeugung ihm nicht zukommen, unbedenklich Gebrauch zu machen; und man könnte daraufhin versucht sein, die damalige Gesetzgebung des schreiendsten Widerspruchs zu bezichtigen. Aber wer so dächte, würde Männern wie Rauscher u. a., welche damals als Berater der Krone maßgebend waren, denn doch gar gröblich unrecht thun. Der Einklang findet sich vielmehr recht wohl, sobald man nur ein Doppeltes beachtet:

Einmal mußte der Staat, wenn er sich auch nicht mehr für berechtigt und fähig hielt, ein impedimentum dirimens selbständig aufzustellen und selbständig festzuhalten oder zu beseitigen, sich doch noch für befugt und vermögend erachten, solche Ehehindernisse, welche in den Augen der

[73]) Anweisung f. d. geistl. Ger. d. Kaiserth. i. B. d. Ehesachen. § 12: „Zur Schließung einer Verbindung, welche wahrhaft eine Ehe ist, sind alle und nur jene unfähig, welche das Gesetz Gottes und der Kirche hiezu unfähig erklärt." Vgl. § 69. „Wiewohl also die Staatsgewalt durch ihre Verordnungen nicht verhindern kann, daß zwischen Christen eine gültige Ehe geschlossen werde, so ist . . ." u. s. w., und § 79. „Dem hl. Stuhle allein steht es zu, in Hindernissen der Gültigkeit aus eigner Macht Nachsicht zu gewähren."

Kirche nach göttlicher oder menschlicher Ordnung trennende Ehehindernisse waren, daraufhin auch seinerseits als trennende zu sanktionieren.

Und ferner durfte er aus Rücksichten der Toleranz es sich wohl erlauben, auch gewisse Verbindungen, die er selbst, von der Kirche belehrt, nicht als „wahre Ehen"[74]) betrachtete, in Rücksicht auf die ehrliche Meinung derer, die sie eingingen, statt mit dem Namen „Konkubinat" mit dem ehrenderen Namen „Ehe" (das Wort in uneigentlichem Sinne gebraucht) zu belegen und an die Gleichheit des Titels in weitem Umfange eine Gleichheit bürgerlicher Rechtsfolgen zu knüpfen. Ebenso mochte er dann auch umgekehrt gewissen bloß vermeintlichen Trennungen dem Bande nach, in Rücksicht auf die ehrliche Meinung der Irrgläubigen, welche sie vollzogen, den gleichen Namen und (in gewissem Umfang) die gleichen bürgerlichen Folgen wie einer wahren Ehelösung zugestehen[75]).

---

[74]) Vgl. den eben zitierten § 12.

[75]) Nur so begreift sich ohne Widerspruch z. B. die folgende Bestimmung: „Die von dem Ehegericht des nichtkatholischen Gatten ausgesprochene Trennung der Ehe dem Bande nach hat jedoch für den katholischen Teil in betreff der ehelichen Lebensgemeinschaft nur die Wirkung der lebenslänglichen Scheidung von Tisch und Bett." (Gesetz über die Ehen im Kaisertum Österreich § 67.) — Hier scheint der Nonsens einer einseitig aufgehobenen und einseitig fortbestehenden Ehe statuiert zu werden. Aber in Wahrheit betrachtet eben die Staatsgewalt beide Teile nach wie vor als verheiratet und giebt nur der vermeintlichen Trennung des einen Teils, wie sie dieselbe für ihn bezüglich der meisten bürgerlichen Folgen der wahren Trennung gleichstellt, auch denselben Namen.

Die eigentliche Überzeugung, zu welcher sich der staatliche Gesetzgeber von 1856 bekennt, spricht dagegen § 22 der „Anweisung" aus,

Daß der Geist der Ehegesetzgebung infolge solcher Neuerungen und Begriffsvertauschungen nicht mehr derjenige von 1811 war, ist augenscheinlich[76]. Auch war die Staatsgewalt, als sie das Patent, in welchem sie den Standpunkt der katholischen Kirche schlechtweg zu dem ihrigen machte, erließ, des Charakters der vollzogenen Aenderung sich klar bewußt. Art. IV, und ähnlich Art. IX und X des Patents, sprechen von der „Herrschaft des bürgerlichen Rechts" wie von etwas mit dem 1. Januar 1857 Abgethanem.

Erwägen wir die Folgen, welche diese Wandlung in dem Geist der Gesetzgebung für § 63 a. b. G.B. hatte.

Es sind deren zwei.

1. Soweit der Paragraph sich auf Katholiken bezog, hörte er überhaupt auf, Norm zu sein. Die geistlichen Gerichte des Kaisertums, welche nunmehr für Katholiken in Ehesachen zu entscheiden hatten, fällten ja nicht mehr mit Rücksicht auf die Paragraphen des a. b. G.B., sondern mit Rücksicht auf die Paragraphen der zweiten Beilage des Patents ihr Urteil. Hier finden wir in § 24 den § 63 a. b. G.B. wiederholt; dem Inhalt nach getreu, dem Charakter nach aber deutlich verschieden, denn ganz ausgesprochen stellt der Staat den neuen § 24 nicht selbständig auf, sondern sanktioniert nur mehr, wie in der vorjosefinischen Zeit, die kirchliche Bestimmung.

---

wo nicht bloß die von einem Nichtkatholiken getrennte Ehehälfte, sei sie nun selbst katholisch oder nichtkatholisch, noch immer als „dessen Gatte" bezeichnet, sondern auch unumwunden jeder des Irrtums geziehen wird, der das Band einer zwischen Christen gültig geschlossenen Ehe für trennbar hält.

[76]) Vgl. unten S. 101.

2. Soweit § 63 a. b. G.B. sich auf Nichtkatholiken, wie z. B. nichtunierte Griechen, bezog, hatten die für sie zuständigen weltlichen Richter wohl auch fernerhin im Hinblick auf die Worte des Paragraphen selbst das Urteil zu fällen. Aber auch da erscheint der Charakter des Gesetzes nicht unversehrt als der alte. Wir haben eben gesehen, wie, dem Geist der neuen Gesetzgebung entsprechend, der Staat unvermögend war, irgendwelche Ehe eigenmächtig für ungültig zu erklären. Er konnte es nur thun, wenn sie entweder nach dem jus divinum oder nach dem jus ecclesiasticum ungültig war. Nach dem jus divinum unterliegt der Geistliche höherer Weihen und auch die Ordensperson solenner Gelübde dem impedimentum dirimens der Ehe nicht (sowohl das Cölibatsgesetz als der charakteristische Unterschied zwischen feierlichem und einfachem Gelübde sind ja nachweisbar menschliche Einführungen). Also ergiebt sich, daß der Staat das impedimentum dirimens wegen Weihe oder Gelübde auch für Nichtkatholiken nur mehr in Dependenz von dem Gebot der katholischen Kirche[77]) aufrecht erhalten konnte. Hätte darum in der Konkordatszeit der Papst beispielsweise die Heirat einer Katholikin mit einem schismatischen Priester oder Ordensmann gestattet, so hätte § 63 a. b. G.B. auch diesem Nichtkatholiken die Heirat nicht verwehren können. Ja, wäre die geschlossene Ehe angefochten und von einem weltlichen Gericht mit Verkennung des neuen Geistes der Gesetzgebung für

[77]) Diese betrachtet ja alle Getauften, auch wenn sie sich nicht als ihre Anhänger bekennen oder je bekannt haben, als ihrer Herrschaft unterworfen.

ungültig erklärt worden, so hätte auf einem, zwar umständlichen, aber sicher geordneten Wege das Ehepaar die Revokation des Urteils und in definitiver Weise die richterliche Anerkennung der Gültigkeit des Ehebandes sich erwirken können[78]).

---

[78]) Wenn man sich fragt, warum damals überhaupt ein doppelter Gesetzesparagraph über das Ehehindernis wegen Weihe oder Gelübde bestanden habe, wenn beide, nicht bloß völlig gleichen Inhalts, sondern auch wesentlich gleichen Charakters, nur als Sanktionierung der betreffenden Bestimmungen des katholischen Kirchenrechts in Geltung waren, so ergiebt sich die Antwort leicht. Die damalige Gesetzgebung war keineswegs gewillt, die Empfindungen der Nichtkatholiken zu verletzen. Im Gegenteil, man muß es ihr nachrühmen, daß sie sich bemüht hat, so schonend aufzutreten, als es überhaupt möglich war, wenn sie den Standpunkt der katholischen Kirche völlig zum ihrigen machte. Daher verwies sie die Nichtkatholiken nicht vor die katholisch geistlichen Ehegerichte, sondern vor weltliche Richter, ja sie ließ die besondern Richter sogar nach besondern Gesetzesparagraphen entscheiden. Nur an die geistlichen Gerichte des Kaisertums wendete sich die „Anweisung" direkt. Indem von den weltlichen Richtern der Wortlaut der Gesetze des II. Hauptstücks des a. b. G.B. im Geiste der neuen Gesetzgebung benützt wurde, ergab sich die erwähnte schonende Terminologie von selbst.

Die Belassung des Namens „Ehe" für gewisse Verbindungen, die man in Wahrheit als Konkubinate betrachtete, und insbesondere die Erlaubnis des Abschlusses einer solchen Ehe in Fällen, wo man den, der sie schloß, als in Wahrheit schon verheiratet betrachtete (vgl. oben S. 66 Anm. 75), erscheinen in der That als das Äußerste von Toleranz, was auf dem damaligen Standpunkt der Gesetzgebung überhaupt möglich war. Man statuierte allerdings nicht eigentlich eine Bigamie, da ja die beiden Verbindungen in verschiedenem Sinne „Ehe" genannt wurden (ein Vogel Hahn und ein Hahn am Faß sind zusammen nicht zwei Hähne); aber man versagte doch dem bloßen Konkubinat den Ehrentitel „Ehe" selbst dann nicht, wenn man eine *wahre* Ehe im Konflikt mit ihr gegeben glaubte.

Man darf diese merkwürdigen Momente nicht vernachlässigen, wenn man das Gesetzeswerk der Konkordatszeit gerecht beurteilen will.

Dies also war der Geist der österreichischen Ehegesetzgebung und im besondern die Stellung und der Charakter unseres Paragraphen in der Konkordatszeit.

Eine zweite gleich tief greifende Änderung hat nun aber das österreichische Eherecht im Jahr 1868 erfahren, und sie hat zum heutigen Stand der Gesetzgebung geführt. Das kaiserliche Patent vom 8. Oktober 1856 wurde am 10. Juli dieses Jahres einfach wieder außer Kraft gesetzt, und von dem alten bürgerlichen Eherecht dem, was in der Konkordatszeit mit verändertem Charakter in Wirksamkeit geblieben war, der alte Charakter zurückgegeben, das aber, was seine Gültigkeit verloren hatte, erneuert, so weit es mit dem vorgeschritteneren Geist der neuen Zeit in Einklang erschien; wo dies nicht der Fall war, wurden neue Bestimmungen geschaffen.

Was § 63 a. b. G.B. betrifft, so nimmt man gemeiniglich nichts anderes an als, daß das Jahr 1868 auch dieser gesetzlichen Bestimmung, was ihren Charakter anlangt, die alte Selbständigkeit, und was ihre Wirkungssphäre betrifft, die Ausdehnung auf Katholiken zurückgegeben habe, indem die neuen Gesetzgeber sie, entweder an und für sich, oder in den am 26. Mai neugeschaffenen, durch die interkonfessionellen Gesetze festgestellten Schranken ihrem Geiste vereinbar fanden. Krasnopolski[79]) aber geht weiter und,

---

Die Gesetzgebung wünschte tolerant zu sein; wenn sie es nicht wirklich war, so nur weil der vom Staate eingenommene katholisch kirchliche Standpunkt von den Nichtkatholiken immer als Intoleranz wird empfunden werden müssen.

[79]) a. a. O. S. 9 f.

spricht zwar nicht, aber thut, als ob der Paragraph am 25. Mai 1868 ganz neu erlassen worden und am 10. Juli des Jahres ganz neu in Wirksamkeit getreten sei. Nachdem er nämlich bemerkt, daß die ehegesetzlichen Bestimmungen des II. Hauptstücks a. b. G.B. am betreffenden Tage auch für Katholiken neu in Wirksamkeit gesetzt worden seien, argumentiert er, als ob der dazu gehörige § 63 a. b. G.B. als ein gerade auch für Nichtkatholiken (nämlich aus der Kirche ausgetretene Geistliche und Ordensleute) damals neu eingeführtes Gesetz zu betrachten sei.

Es ist leider nur allzu wahrscheinlich[80]), daß wir es hier einmal wieder mit einem von jenen halsbrecherischen logischen Sprüngen zu thun haben, wodurch Krasnopolski schon so oft unser Befremden erregt hat. Aber, wenn in der Begründung mangelhaft und sophistisch, scheint mir in sich selbst betrachtet seine Ansicht hier unleugbar richtig zu sein. Ein kurzes Wort wird hinreichen, dies klar zu machen.

Wir haben gesehen, daß infolge des kaiserlichen Patents vom 8. Oktober 1856, also seit 1. Januar 1857, § 63 a. b. G.B. für Katholiken überhaupt nicht mehr Norm, für Nichtkatholiken aber nur in Abhängigkeit von dem katholischen

---

80) Was in entscheidender Weise dafür spricht, ist, daß Krasnopolski (a. a. O. S. 11) auch daran, daß Art. XVI der interkonfessionellen Gesetze auf die Eheangelegenheiten der Katholiken keine Anwendung habe, die völlig unberechtigte Folgerung knüpft, daß er auch nicht auf die Eheangelegenheiten legal ausgetretener Geistlicher h. W. und legal ausgetretener Ordensleute f. G. Einfluß üben könne. Er läßt, scheint es, hier wie dort gleichmäßig unbeachtet, daß eine aus der katholischen Kirche legal ausgetretene Person unmöglich unter die Katholiken zu zählen ist.

Kirchengesetze bindend war. Denn der katholischen Kirche allein kam nach dem Geiste der Konkordatszeit das Recht zu, über das jus divinum hinausgehend trennende Ehehindernisse selbständig aufzustellen oder die so aufgestellten zu beseitigen, der Staat hatte ihr das ausschließliche Recht dazu ausdrücklich eingeräumt. Die Ungültigkeit der Ehe auf Grund von § 63 a. b. G.B. gehörte also damals unstreitig zu ihren vom Staat anerkannten genossenschaftlichen Rechten[81]). Und nur insofern sie zu den genossenschaftlichen Rechten der Kirche gehörte, bestand darum damals selbst für den Nichtkatholiken das Ehehindernis des § 63 a. b. G.B. auch in den Augen des Staates.

Nun aber erfolgte am 25. Mai 1868 die Erklärung des interkonfessionellen Gesetzes, daß alle genossenschaftlichen Rechte der Kirche gegenüber solchen, welche aus ihrem Schoße ausgeschieden, erloschen seien, und diese Bestimmung trat am 26. Mai 1868 bereits in Wirksamkeit. Also war von da an § 63 nicht bloß für Katholiken nicht mehr Norm,

---

[81]) Alles, was Krasnopolski (a. a. O. S. 12 ff., vgl. S. 16, S. 22) dagegen sagt, daß man die in § 63 a. b. G.B. festgesetzte Ungültigkeit gewisser Ehen als ein genossenschaftliches Recht der Kirche betrachte, paßt vielleicht auf die Zeit von 1811, aber sichtlich nicht auf die Konkordatszeit. Freilich hat er auch kein Interesse daran, die Möglichkeit eines derogierenden Einflusses von Art. V der interkonfessionellen Gesetze auf § 63 für eine Zeit in Abrede zu stellen, wo dieser Paragraph nach seiner eignen Annahme ohnehin bereits aufgehoben gewesen wäre. Vielmehr scheint die unter den damals obwaltenden Verhältnissen unleugbare Möglichkeit solcher Derogation dazu zu dienen, daß Krasnopolski seine nächste Absicht nun doch wesentlich erreicht. Und später, bei der Erneuerung des § 63 a. b. G.B. am 10. Juli 1868, tritt derselbe ohne Zweifel wieder in seiner ursprünglichen Selbständigkeit auf.

sondern konnte konsequenterweise auch für Nichtkatholiken nicht mehr als solche angesehen werden, mit dem Unterschied, daß für diese auch kein besonderer Gesetzesparagraph ähnlich § 24 der „Anweisung" supplierte.

Doch dieser Zustand währte nur wenige Tage, nämlich bis zum 10. Juli 1868, wo das kaiserliche Patent nebst seinen beiden Beilagen außer Kraft gesetzt, und mit der Konkordatszeit in konsequenter Weise gebrochen wurde. Hier wurde § 63 für Nichtkatholiken wie für Katholiken wieder Norm. Für die einen, weil die trennenden Ehehindernisse des II. Hauptstücks a. b. G. B. nun den Charakter selbständig aufgestellter Gesetze zurückerhielten; für die andern, weil die Ehegesetze des II. Hauptstücks in ihrem neu selbständigen Charakter nun auch auf die Katholiken ausgedehnt wurden.

So können wir denn, wie gesagt, nicht wohl umhin, **Krasnopolski** recht zu geben, wenn er, über **Glaser** und **Maassen** hinausgehend, § 63 a. b. G. B. als einen solchen behandelt, der, nachdem er zeitweilig unwirksam gewesen, im Jahre 1868 „wieder ins Leben gerufen" worden und juristisch in aller und jeder Beziehung wie ein damals zum erstenmal erlassenes Gesetz zu betrachten sei.

Der Geist, in welchem dieses Gesetz heute lebendig ist, und in welchem wir über seine Interpretation und Anwendbarkeit zu entscheiden haben, ist also der Geist von 1868. Es ist derselbe Geist, welcher das Staatsgrundgesetz vom 21. Dezember 1867 beseelt; derselbe, dem, sogar am gleichen Tage[82]), die Gesetze über die interkonfessionellen

[82]) Am 25. Mai 1868.

Beziehungen der Staatsbürger entstammten. Es ist der Geist, den, wie ich in „meinen letzten Wünschen f. Ö."[83]) sage, die Reden von Miklosich und Rokitansky aufs unzweideutigste charakterisieren, und über den überhaupt so wenig ein Zweifel aufkommen kann, daß auch Krasnopolski[84]) sich wohl hütet, zu behaupten, daß zwischen dem in seiner Weise gedeuteten § 63 a. b. G. B. und den übrigen in den Jahren 1867/68 gegebenen Gesetzen eine geistige Harmonie bestehe. Wie entschieden hat sich darüber Glaser (Rede vom 8. Februar 1876), wie gut und in wie kräftig deutschen Worten Maassen (Unser Eherecht u. d. Staatsgrundgesetz[85]) ausgesprochen! Niemand, kann man sagen, ist, der hier anders urteilte.

Und somit widerspricht denn wirklich die Auslegung Krasnopolski's nicht bloß, wie zuvor gezeigt, dem klaren Wortlaut des Gesetzes, sondern, wie sich jetzt ergiebt, ebenso ausgesprochen auch dem Geiste der Gesetzgebung, was der zweite Punkt war, den ich zu erweisen versprach.

Verweilen wir noch einen Augenblick, um uns klar zu machen, wie es aus innern sowohl als äußern Gründen schlechterdings undenkbar ist, daß die Gesetzgeber von 1868, wenn sie den § 63 a. b. G. B., sei es erneuerten, sei es nur neu sanktionierten, die Absicht hatten, auch den aus der Kirche ausgetretenen Geistlichen oder Ordenspersonen eine Beschränkung aufzuerlegen.

---

[83]) M. l. Wünsche S. 70, 2.

[84]) a. a. O. S. 13.

[85]) a. a. O. S. 11.

Es ist undenkbar, sage ich, vor allem aus innern Gründen; denn die Gesetzgeber von 1868 hatten nicht das geringste Interesse, solches zu thun.

Vor allem konnten sie nicht glauben, daß für den Staat ein Vorteil daraus entspringe[86]).

Recht deutlich wird dies werden, wenn man die Motive, die im Jahre 1811 bei der Aufnahme des Paragraphen leiteten, zum Vergleiche heranzieht. Man findet, daß damals zwei, und nur zwei, Rücksichten in Betracht kamen. Die eine war die Rücksicht auf kirchliche Interessen, die andere der Wunsch, nichts nutzlos an den bestehenden Gesetzen zu ändern, um die Autorität der Gesetzgebung nicht zu kompromittieren[87]). Die eine enthielt eine indirekte, die andere eine direkte Beziehung zum Staatswohl. Wenn man im Jahre 1868 den § 63 erneuerte, so können offenbar nur ähnliche Rücksichten bestimmt haben.

---

[86]) Krasnopolski, am Schlusse seiner ersten Abhandlung, behauptet, die Frage, ob der Staat ein Interesse an dem Bestand einer gewissen gesetzlichen Beschränkung habe, sei etwas, was, wo man de lege ferenda, nicht aber, wo man de lege lata handele, in Betracht zu ziehen sei (a. a. O. S. 13). Eine engherzigere Auffassung als die, welche der Verächter der „Buchstabenjurisprudenz" hier kund giebt, läßt sich kaum denken. Denn heißt das noch auf den Geist des Gesetzes achten, wenn man das, was das höchste und allgemeinste Streben jedes Gesetzgebers ist, prinzipiell bei der Auslegung außer acht zu lassen gebietet? — Aber sei es! was Krasnopolski selbst zugesteht, ist ausreichend, ihn zu überführen; denn im Jahre 1868 handelte es sich bei der Erneuerung oder Neusanktionierung von § 63 a. b. G. B. gerade de lege ferenda, und auf der geistigen Höhe von Krasnopolski dürften vielleicht auch die Ausarbeiter der damaligen Gesetze gestanden, somit de lege ferenda handelnd die Frage wirklich berücksichtigt haben.

[87]) Sitzung vom 13. November 1809.

Betrachten wir zunächst die Rücksicht auf kirchliche Interessen. Ohne Frage hat eine solche, wie im Jahr 1811 auch im Jahr 1868 noch bestanden, und ohne sie würde die Erneuerung (oder Neusanktionierung) von § 63 völlig unbegreiflich sein. Aber nichts ist bei den Gesetzgebern jener Zeit ausgesprochener, als daß sie durch die Rücksicht auf kirchliche Satzungen und Interessen die Andersgläubigen in ihrer freien Bewegung nicht hemmen wollten. Glaser sagt[88]), der Gedanke, den sie gehegt, sei der gewesen „es solle niemand an die Satzungen einer Kirche gebunden sein, der er nicht angehöre". Dies glaubten sie durch die Gerechtigkeit gegen die Nichtkatholiken, ja dies sogar durch den Wunsch segensreichsten Gedeihens der Kirche geboten. Volle Freiheit für alle, das, legt Miklosich dar, erweist sich für die katholische Kirche selbst (der er ja aufrichtig zugethan war) überall als das ersprießlichste.

Daß auch in Bezug auf die aus der Kirche Austretenden die gleichen Grundsätze, wie in Bezug auf die, welche ihr nie angehört, gewaltet haben, zeigt u. a. die Bestimmung des Art. V der interkonfessionellen Gesetze, welcher mit dem Austritt alle genossenschaftlichen Rechte der Kirche ausdrücklich für erloschen erklärt.

Also dieses indirekte Staatsinteresse konnte entschieden nicht dazu führen, im Jahre 1868 den § 63 mit einer über die Grenze der Kirche hinaus bindenden Kraft zu erneuern.

---

[88]) In der öfter schon erwähnten Rede vom 8. Februar 1876.

Sehen wir, inwiefern es etwa denkbar erscheint, daß es aus einem ähnlich konservativen Interesse geschehen sei, wie das, welches 1811 zu Tage tritt und von uns als direktes staatliches Interesse bezeichnet wurde.

Die geringste Erwägung reicht hin, auch dieses als ausgeschlossen zu erkennen.

Am sichtlichsten ist dies, wenn man sich auf Krasnopolski's Standpunkt stellt, der sich uns im wesentlichen als richtig erwiesen hat; denn nach ihm handelte es sich ja, wenn man im Jahre 1868 sich frug, ob man § 63 a. b. G. B. aufnehmen solle, nicht, wie im Jahre 1811, um die Beibehaltung eines bestehenden Gesetzes, sondern um die Neueinführung eines solchen, das augenblicklich für alle, für die große Majorität des Volkes aber sogar schon seit mehr als einem Decennium außer Wirksamkeit gesetzt war. Oder sollte etwa eine konservative Rücksicht auf die Bestimmungen des Patents von 1856 maßgebend gewesen sein, mit welchem man bei Auferlegung einer durch keinen Austritt behebbaren Beschränkung sich allerdings minder in Disharmonie gesetzt haben würde? — Ich glaube, daß der, welcher den Verfassern der Gesetze von 1868 eine zarte Rücksicht zur Schonung der Autorität der Bestimmungen jenes Patents zuschreiben wollte, wahrhaftig über sich selber lächeln müßte.

Doch was vom Standpunkte Krasnopolski's, den ich im Wichtigsten hier billigen muß, das wird wesentlich ähnlich auch noch von dem der Gegner gesagt werden dürfen. Am gleichen Tage hatten die Gesetzgeber von 1868 das Gesetz über die interkonfessionellen Verhältnisse der Staatsbürger mit den Worten geschlossen: „Alle diesen Vorschriften widerstreitenden Bestimmungen der bisherigen Gesetze und Verordnungen, auf welcher Grundlage sie beruhen, und in welcher Form sie erlassen sein mögen, ebenso wie allfällige entgegenstehende Gepflogenheiten sind, auch insofern sie hier nicht ausdrücklich aufgehoben wurden, fernerhin nicht mehr zur Anwendung zu bringen". Das klang nicht eben wie eine allzugroße Ängstlichkeit, die Autorität der Gesetzgebung nicht durch Rütteln am Bestehenden im Bewußtsein des Volkes wankend zu machen. Und nun, nur ein paar Augenblicke später, sollten dieselben kühn fortschrittlichen Geister sich von solch extrem konservativer Besorgnis angewandelt gefühlt haben? — Wer ist, der dies ernsthaft zu behaupten vermöchte?

Und um so weniger erscheint es denkbar, als es sich ja in unserm Fall nicht um Kleinigkeiten, als es sich vielmehr um den Fortbestand von Bestimmungen handelt, die, in Krasnopolski's Sinne gefaßt und umschrieben, einer Zahl von Mitbürgern harte, drückende, ja ihren sittlichen Lebenswandel schwer gefährdende Beschränkungen auferlegt haben würden. So wichtige Interessen hätten auch die Verfasser der Gesetze von 1811 jener autoritär konservativen Rücksicht, die sie zur Beibehaltung der Bestimmung des Westgalizischen Gesetzbuchs führte, nicht zum Opfer gebracht. Das ist nicht Vermutung, sondern sichere Gewißheit. Denn zunächst, da sie noch fürchten konnten, eine an und für sich unerwünschte Eigentümlichkeit des Gesetzes möge irgendwelche praktische Bedeutung haben, waren sie sogar schon darüber schlüssig geworden, dasselbe zu modifizieren[89]), und nur nach Konstatierung der völligen Belanglosigkeit des betreffenden Moments verzichtete man in späterer Sitzung auf die beantragte Abänderung[90]).

Also auch diese zweite Hypothese ist aus vielfachem Grunde durchaus unzulässig. Und so konnte denn in der That weder ein indirektes noch ein direktes staatliches Interesse die Gesetzgeber von 1868 dazu bewegen, den § 63 in einem über die Grenzen der Kirche hinaus bindenden Sinne einführen oder neu sanktionieren zu wollen.

Sollen wir nun annehmen, daß zwar kein staatliches, wohl aber irgendwelches andere Interesse sie dabei geleitet habe? — Wer aber sähe nicht, daß dies nichts anderes hieße, als jenen Gesetzgebern geradezu verbrecherische Absichten zuschreiben? Ein frivoles, ein keinem staatlichen Interesse dienendes Gesetz geben, heißt ja, wie einst Bentham so energisch hervorhob, ein schweres Delikt begehen. Wenn in jeder andern Beziehung für die Bürger nutzlos, muß eben das Gesetz, als Beschränkung der Freiheit, für sie eine entschiedene Schädigung sein. Und zudem sehen wir ja aus dem, was ich über die Grundsätze von 1868 ausgeführt, daß die damaligen Gesetzgeber überzeugt waren, jede Beschränkung von Nichtkatholiken in Rücksicht auf Satzungen der ihnen fremden Kirche sei gerade auch in jenem indirekten Interesse zu verpönen, das der Staat an dem wahren Gedeihen der Kirche zu nehmen habe. So erschiene denn ihr Verbrechen verdoppelt und verschärft.

[89]) Sitzung vom 8. März 1802.

[90]) Sitzung vom 13. November 1869.

Doch „unusquisque intantum praesumatur bonus, donec probetur malus"; diesem Grundsatz wird man in Österreich nicht wohl in Bezug auf Männer untreu werden, die, von dem Vertrauen des Kaisers und Volkes getragen, die Gesetzesarbeit von 1868 auf sich genommen haben. Auch wüßte ich nicht, welches das nicht staatliche Interesse sein sollte, das diese Männer hätte verführen können, bei der Gesetzgebung ohne, ja beziehungsweise gegen ein staatliches Interesse in dem angegebenen Sinne vorzugehen. Wenn man überall, wo ein Verbrechen begangen worden ist, nach dem commodum fragt und, selbst nach Ermittlung des Thäters, die That erst dann für erklärt hält, wenn dieses commodum ermittelt ist: erkennt man denn nicht, was für eine verzweifelt schwierige Aufgabe man der Geschichte stellt, das angebliche, von ihrem klar präzisierten Standpunkt aus höchst schuldbare Verfahren der Gesetzgeber von 1868 jemals zu begreifen?

So ergiebt sich denn aus innern Gründen die evidente Unmöglichkeit einer solchen bei der Erneuerung oder Neusanktionierung von § 63 a. b. G. B. bestehenden Absicht.

Und was innere Gründe so zwingend erweisen, dem dienen auch äußere Gründe in vollkommenster Weise zur Bestätigung, wenn anders über Ansicht und Absicht der Gesetze von 1868 niemand besser als Hasner unterrichtet sein konnte[91]). Man vergleiche doch daraufhin, was dieser

---

[91]) Hasner gehörte bekanntlich damals selbst dem Ministerium an und hatte das bei unsrer Frage so nahe interessierte Ministerium des Kultus inne. 1870 wurde ihm das Präsidium des Ministeriums übertragen.

Staatsmann 1877 im Herrenhaus darlegte, als er seinen Antrag auf ausdrückliche Erklärung, § 63 sei für die aus der Kirche Ausgetretenen nicht mehr bindend, zu begründen hatte, und man wird finden, daß, sogar von allem zuvor Erwogenen abgesehen, über die Ansicht und Absicht der Erneuerer des Gesetzes im Jahre 1868 kein Zweifel bestehen kann. Sie waren keine anderen als die, welche der Einklang mit dem Geist der Gesamtgesetzgebung von 1868 in so entschiedener Weise fordert.

Wenn Krasnopolski darzuthun versuchte, daß der § 63 a. b. G.B., wie er jetzt bestehe, wie ein im Jahre 1868 neugegebenes Gesetz zu betrachten sei, so unterzog er sich der Aufgabe, weil er dadurch seiner freiheitfeindlichen Auffassung einen Dienst zu leisten glaubte. Die interkonfessionellen Gesetze vom 25. Mai 1868, meinte er, könnten dem § 63 dann nicht wie ein späteres Gesetz dem frühern derogieren[92]). Wir sehen, daß er diesen Vorteil, wenn überhaupt[93]), nur

---

[92]) a. a. O. S. 11 f., vgl. S. 18.

[93]) Auf diesen Teil von Krasnopolski's Erörterungen glaubte ich in meiner ersten Abhandlung gegen ihn nicht eingehen zu sollen; hatte ich doch, wie ich dort bemerke, einen derogierenden Einfluß der interkonfessionellen Gesetze auf den § 63 a. b. G.B. „nie behauptet", „um daraus ein Argument für meine Auffassung zu gewinnen". (N. e. W. ü. d. Eheh. d. h. W. S. 3. Beil. S. 144.)

Natürlich nahm ich, als ich dies schrieb, das Wort „derogieren" im altherkömmlichen Sinne, in welchem von zwei Bestimmungen die eine der andern nur dann derogieren kann, wenn die volle Gültigkeit der einen mit der vollen Gültigkeit der andern unvereinbar ist. So ist der Schlußartikel der interkonfessionellen Gesetze, wie auch Krasnopolski ihn nennt, in Wahrheit eine „Derogations-

dadurch erringt, daß er dem Gegner eine gleich mächtige oder jedenfalls nicht schwächere Waffe gegen seine Auffassung

---

klausel", weil er „alle diesen Vorschriften widerstreitenden Bestimmungen" des bisherigen Rechts außer Wirksamkeit setzt. Dagegen kann es — um auf ein schon früher (S. 26 Anm. 32 Nr. 8) gebrauchtes Beispiel zurückzugreifen — zwischen einer Verordnung, welche die Dienstzeit herabsetzt oder sich vom Militärdienst loszukaufen gestattet, und einer Monturvorschrift über die Knopfzahl an der Jacke des Soldaten zu einer Derogation schlechterdings nicht kommen, weil sie in keinem Widerstreite stehen. Durch jene Verordnung mag die Zahl der von der Vorschrift betroffenen Personen allerdings beträchtlich verringert, sowie auch die Möglichkeit geschaffen sein, sich durch eignes Zuthun derselben zu entziehen; aber da bei solcher Art von Beschränkung die Vorschrift in voller Gültigkeit bestehen bleibt, so hat dies durchaus nicht den Charakter einer Derogation im altüberlieferten Sinne. In diesem aber, ich betone es nochmals, war meine Äußerung zu verstehen.

Ganz anders würde ich dagegen gesprochen haben, wenn ich den Ausdruck „derogieren" in jener erweiterten Bedeutung genommen hätte, die Krasnopolski (a. a. O. S. 18) empfiehlt, ja schlechterdings uns aufdrängen will. Danach würden auch Fälle wie die eben genannten, ja danach würde überhaupt, scheint es, jeder Fall darunter zu begreifen sein, in welchem die Wirksamkeit eines Gesetzes durch die Intervention eines andern auf eine geringere Zahl von Fällen reduziert wird. Und wenn dies, dann natürlich bekenne ich mich sehr entschieden zu der Überzeugung, daß auch die interkonfessionellen Gesetze auf den § 63 a. b. G.B. einen derogierenden Einfluß üben; und würde man in diesem Punkte mich widerlegen, so würde ich auch im übrigen meine Auffassung nicht mehr zu verteidigen imstande sein.

Nun wohl, wird man sagen, so bekenne dich nur einfach als überwunden. Denn du hast ja zugestanden, daß § 63 a. b. G.B. erst am 10. Juli 1868 nicht bloß für wirkliche, sondern auch für bloß gewesene Katholiken neu in Wirksamkeit getreten sei. Er ist hiernach den interkonfessionellen Gesetzen gegenüber nicht als lex prior, sondern schlechtweg als lex posterior zu betrachten, und so können jene Gesetze ihm unmöglich derogiert haben.

Ich könnte hierauf erwidern, daß Krasnopolski irre, wenn

in die Hand giebt. Der ganze Geist einer vorgeschritteneren Zeit, der freiheitlichsten Epoche österreichischer Rechtsentwicke-

---

er (a. a. O. S. 10) das Alter der Gesetze nach dem Zeitpunkt der beginnenden Wirksamkeit bemessen will, da er es vielmehr nach dem der Kundmachung bestimmen sollte (vgl. hierfür z. B. Krainz u. Pfaff, System I, S. 23). Doch habe ich gar nicht nötig, hier auf solche Erörterungen einzugehn; vielmehr ist die treffendere Antwort diese:

Der Satz „lex posterior derogat priori" ist alten Datums, und so ist denn auch der Ausdruck „derogat", wie er sich darin verwandt findet, im alten Sinne zu verstehen. Die Meinung ist die, daß, wenn Gesetzesbestimmungen einander widerstreiten, die spätere Bestimmung der frühern vorgehe und ihre Gültigkeit beschränke, nicht umgekehrt. Man würde darum eines Paralogismus durch Äquivokation sich schuldig machen, wenn man das Prinzip auch auf solche Fälle anwendete, wo von einer Derogation nur in dem von Krasnopolski neugeschaffenen Sinn gesprochen werden kann. Widerstreiten zwei Bestimmungen einander nicht, so entfällt ja auch ganz und gar die Frage, ob in einem gewissen Falle diese jener oder umgekehrt vorzugehen habe. Ob in dem von uns benützten Beispiel die Möglichkeit des Loskaufs vor oder nach der Monturvorschrift geschaffen worden sei, ist ganz gleichgültig, sie wird in beiden Fällen gleichmäßig jene Beschränkung ihrer Wirksamkeit mit sich führen.

Es ist offenbar, daß in dem durch Krasnopolski erweiterten Sinne besonders Art. IV der interkonfessionellen Gesetze, der jedermann die freie Wahl des Religionsbekenntnisses garantiert, einen derogierenden Einfluß üben muß (vgl. M. letzten Wünsche f. Ö. Buchausgabe S. 66 ff.). Indessen begreift es sich, wenn man neben ihm auch Art. V für wichtig hält. Wir werden unten (S. 111 Anm. 125) darauf zurückkommen und zeigen, wie, von diesem Artikel abgesehen, jemand Zweifel kommen könnten, ob die im allgemeinen gewährte Freiheit des Religionswechsels im besondern auch für Geistliche höherer Weihen und Ordenspersonen solenner Gelübde bestehe, oder ob nicht diesen durch die Rücksicht auf gewisse genossenschaftliche Anrechte der Kirche ein eigentümliches Hindernis erwachse. Ich selbst allerdings würde auch ohne Art. V eine solche Meinung mißbilligt haben; jetzt aber erscheint sie ausdrücklich und für jeden augenscheinlich ausgeschlossen.

lung, lebt ja nunmehr in diesem ihm entflossenen Gesetz und verlangt, daß es im Einklang mit ihm gedeutet werde.

---

Ein anderer wieder könnte vielleicht auf einen andern, obwohl meines Erachtens ebensowenig vernünftigen Gedanken verfallen, indem er sagte, daß die betreffende Person zwar legal aus der Kirche ausgetreten, aber trotz dem Austritt nach wie vor als ihr Geistlicher oder ihre Ordensperson zu betrachten sei. Er könnte seine Meinung etwa in folgender Weise scheinbar zu machen suchen: Wer in den geistlichen Stand und insbesondere in den Stand eines Geistlichen höherer Weihe tritt, widmet sich durch ein Gelöbnis der Kirche auf Lebenszeit als Diener (vgl. Thomas Aqu., Summa theol. 2a 2ae, q. 88. „per susceptionem sacri ordinis se totum divino ministerio tradit“) und der Begriff „Geistlicher“ ist eben der eines Menschen, welcher der Kirche zu solch besonderm Dienst verpflichtet ist. (vgl. Hähnlein l. c. „Status clericalis est collectio hominum Ritu Ecclesiastico ad servitium Divinum deputatorum et capacium Jurium, Privilegiorum et Beneficiorum Ecclesiasticorum.“) Ähnlich verpflichtet sich, wer in den Stand der Ordensperson solenner Gelübde tritt, durch ein Ordensgelübde der geistlichen Obrigkeit zu weitgehendstem Gehorsam auf Lebenszeit, und der Begriff der Ordensperson ist eben der eines Menschen, welcher zu solchem Gehorsam (das eine Gelübde des Gehorsams umfaßt, wie das Beispiel des Jesuitenordens zeigt, auch die übrigen) der Kirche gegenüber verpflichtet ist. Art. IV der interkonfessionellen Gesetze gestattet nun wohl von seiten des Staats den Austritt aus der Kirche; aber über ein Aufhören solcher besonderer Verpflichtungen der betreffenden Person ist nichts darin zu finden. Sonach erscheint diese Person in den Augen des Staats auch nach ihrem legalen Austritt diesen besondern von ihr übernommenen Pflichten noch unterworfen. Und es bleibt also auch in seinen Augen der ausgetretene Geistliche höherer Weihen noch ein wirklicher Geistlicher der Kirche, d. h. ein Mensch, der, obwohl nicht mehr zu ihren Mitgliedern gehörig, doch in diesem besondern Dienstverhältnisse zu ihr steht; und ebenso bleibt die ausgetretene Ordensperson solenner Gelübde auch in den Augen des Staats noch eine wirkliche Ordensperson der Kirche, d. h. ein Mensch, der zu jenem besondern, weitgehendsten Gehorsam der Kirche gegenüber verpflichtet ist. Somit hat denn auch die Bestimmung des § 63 a. b. G.B. nach wie vor auf solche Personen Anwendung.

Das ist — falls der Wortlaut sie nicht schlechthin unmöglich macht — die denkbar mächtigste Beeinflussung; und auch von Krasnopolski gilt darum, was ich einst von meinem Gegner im „Vaterland" gesagt[94]), er kommt Schutz suchend nur „vom Regen in die Traufe".

Auch sonst wohl könnten wir aus dem, was er uns da erwiesen haben will, und was wir aus anderm Grunde als wirklich erwiesen zugestehen mußten, ihm gegenüber noch Vorteil zielen. Denn offenbar ergäbe sich daraus ein weiteres[95]) Argument für die Entbehrlichkeit der Untersuchung über die Absicht, welche die Verfasser der Gesetze von 1811 gehegt, mit Rücksicht auf unsere Frage. Unser

---

So ungefähr könnte man — hat man doch noch befremdlichere Mittel nicht verschmäht! — zu argumentieren versuchen.

Da ist es denn wieder Art. V der interkonfessionellen Gesetze, welcher, indem er das Erlöschen aller genossenschaftlichen Rechte der Kirche claris verbis ausspricht, auch eine solche, dem Geiste der neuen Gesetzgebung schlechterdings widersprechende Ausdehnung des § 63 a. b. G.B. auf Geistliche und Ordensleute, die legal aus der Kirche ausgeschieden sind, handgreiflich unmöglich macht.

Es ist aufs deutlichste ersichtlich, daß Krasnopolski weder durch den Nachweis der Priorität der interkonfessionellen Gesetze (falls dieser sogar gelungen wäre), noch durch den der Unmöglichkeit, die in dem § 63 a. b. G.B. ausgesprochene Ungültigkeit gewisser Ehen als ein genossenschaftliches Recht der Kirche zu betrachten, einer derartigen Verwertung des Art. V auch nur das mindeste Hindernis in den Weg gelegt hat. Für einen derogierenden Einfluß der interkonfessionellen Gesetze auf § 63 a. b. G. B. im Krasnopolski'schen Sinne — und eines andern Einflusses bedarf es durchaus nicht — bleibt also die Möglichkeit voll gesichert.

[94]) M. l. Wünsche S. 68.

[95]) Vgl. Noch e. Wort über die Eheh. d. h. W. u. f. G. S. 5. (Beilage S. 147).

Gesetzesparagraph ist ja nunmehr nicht nach ihrer, sondern einzig nach der Absicht der Verfasser der Gesetze von 1868 zu deuten.

Oder sollte dennoch die Absicht der Gesetzgeber von 1811 für die Auffassung eines Gesetzes von 1868 maßgebend sein, ja vielleicht selbst im Gegensatz zu der, die nachgewiesenermaßen im Jahre 1868 die Gesetzgebung leitete, zur Geltung gebracht werden können, weil das Gesetz von 1868 mit einem Paragraphen von 1811 Wort für Wort identisch, sowie auch daher überkommen ist? — Selbst Krasnopolski scheint einer solchen Meinung nicht eben günstig. In Wahrheit müßte ja seine Untersuchung sonst noch weiter, bis auf die Absicht der Verfasser der Gesetze von 1797, ja schließlich bis auf die des Konzils von Trient (1554) zurückgehen, dessen Ausdrücke, wie schon bemerkt, das W.G. Gesetzbuch in sinngetreuer Übersetzung zu wiederholen scheint. So könnte ich denn aus noch anderm Grunde als denen, die ich in früherer Abhandlung bezeichnete, von der Untersuchung der Protokolle jener ältern Epoche Umgang nehmen; die Resultate blieben genugsam gesichert.

Doch ich verzichte auf einen Vorteil ersparter Mühe, der durch den Verlust eines andern, mir wichtigeren Vorteils erkauft würde.

Denn ich sage:

## III.

In der Vorgeschichte der Gesetze von 1811 und in den Protokollen ist schlechterdings nichts zu finden, was eine der Auffassung Krasnopolski's entsprechende Ansicht oder Absicht der Verfasser des Gesetzbuchs verriete; wohl aber nicht weniges, was gegen eine solche geltend gemacht werden kann.

Aber ist es nicht anmaßend, solches zu behaupten und vielleicht gar auch noch beweisen zu wollen, wo ein Mann von wahrer Protokollkenntnis und wahrem Protokollverständnis das Gegenteil versichert? In den Sinn der Protokollberichte vermag ein Laie nicht einzubringen; die haben ihre eigne Terminologie, nur der Fachmann wird ihrer Meister. — In der That spricht Krasnopolski so, als seien die Protokolle für jeden, der nicht mit allumfassender juridischer Kenntnis ausgestattet ist, ein Buch mit sieben Siegeln, und ihre Sprache ein Idiom ganz für sich, ihre Terminologie durchaus abweichend selbst von der des a. b. G.B. (denn mit diesem müßte es ja doch gar übel bestellt sein, wenn es dem Verständnis solch enorme Schwierigkeiten bereitete). So blickt er denn, mit Wissenschaft bis an die Zähne gerüstet und das Schwert der Göttin Justitia selbst in der geübten Rechten, sehr verächtlich auf den Neuling hin; nicht anders schier, als nach dem heiligen Bericht ein riesiger Philistäer einst auf den Hirtenjungen herabschaute.

Immerhin, und wenn ich wirklich so wenig ritterlich gewappnet ihm gegenüber stände, würde ich auch insofern hoffentlich jenem Knaben nicht unähnlich sehen, als ich mit meiner logischen Schleuder, der, wie Krasnopolski-

Goliath meint, so ungebührlichen Waffe[96]), thatsächlich ihn an die Denkerstirn getroffen hätte.

Doch zum Glück liegt die Sache auch wesentlich anders.

Daß die Verfasser des Gesetzbuchs eine zwiefache Terminologie, eine für das Gesetzbuch und eine andre, sozusagen chiffrierte, für die Vorberatungen, gehabt hätten, ist von vornherein schwer zu glauben. Mir aber hat Krasnopolski, alles in allem, ein einziges Mißverständnis und dies in Nebensächlichem aufgewiesen — auf wie viele habe ich ihn meinerseits aus Gegengefälligkeit aufmerksam gemacht! — Und da war es nicht einmal ein eigentlicher terminus technicus, über den er mich aufzuklären hatte. Ich schrieb dem Ausdruck „behebbar" eine auch in der Sprache der Protokolle an sich mögliche Bedeutung zu, die nur eine vorsichtige Berücksichtigung des Zusammenhangs als unpassend erkennen lassen konnte, und schon an früherer Stelle habe ich erklärt, wie die Rücksicht auf die mutmaßliche Absicht Krasnopolski's und insbesondere auf eine seiner Äußerungen[97]) mich dazu verleitete[98]). Das also ist alles, was Krasnopolski in Hinsicht auf Verständnis zu beanstanden hatte; denn gewiß hat derjenige keinen gerechten Vorwurf mir erspart, der so manchen ungerechten nicht verschmähte.

Sicher hat sich Krasnopolski im allgemeinen mehr als ich selbst mit den Protokollen vertraut gemacht, der ich ja mit enger konzentriertem Interesse wesentlich nur die eine Frage zu verfolgen hatte. Aber in Bezug

---

[96]) a. a. O. S. 15.

[97]) a. a. O. S. 7.

[98]) Vgl. oben S. 23 Anm. 32. Nr. 3.

auf diese scheint es mir außer Zweifel, daß meine Protokoll-kenntnis der seinigen nunmehr vollkommen ebenbürtig ist, und wäre es nur dank der Mühe, mit der er selbst alles nur irgend Bedeutende dafür zusammentrug. Ich fand Krasnopolski's Excerpte durchaus getreu, auch da, wo die innere Unwahrscheinlichkeit des Berichts mir zunächst starke Zweifel erregt hatte. Und dafür, daß sie alles, was nur irgend seiner Sache förderlich scheinen kann, vollständig enthalten, spricht schon der Umstand, daß Krasnopolski bereits in der ersten Abhandlung auch sehr Geringfügiges berücksichtigt, in der zweiten aber nicht das mindeste nachzutragen findet. Denn das einzige, was man etwa hier als neu hinzugekommen bezeichnen könnte, daß nämlich v. Zeiller die Eheunfähigkeit der Ordenspersonen nach dem Austritt aus dem Klosterverband ausdrücklich ausgesprochen habe (a. a. O. S. 35), war ja auch schon wesentlich in der Bemerkung begriffen: „Es wurde die Fortdauer des Ehehindernisses des feierlichen Ordensgelübdes für Exreligiosen, welche durch Aufhebung ihres „Ordens, Stiftes oder Klosters" aus ihrem Stande getreten sind, nicht bezweifelt." (a. a. O. S. 7.) Außerdem bringt Krasnopolski, wie gesagt, des Neuen nicht ein Jota.

So höre er denn aber auch endlich einmal auf mit seinem ewigen Gerede von Unkenntnis der Protokolle, durch welches er vor allem seinen eignen Berichten in ungerechtester Weise die Ehre kränkt. Nein, wir haben die ganze Fülle von Thatsachen, die aus den Protokollen zu entnehmen sind, Kleines wie Großes, vor uns, wenn anders sich in ihnen und in der ganzen Vorgeschichte des Paragraphen wirklich etwas findet, was Krasnopolski's Auslegung wahre Hilfe leisten kann. Das aber ist nun freilich so wenig der Fall, daß ich schon bei der früheren Besprechung seines Versuches ausgesprochenermaßen in Verlegenheit war, wie ich, bei der ganz summarischen Würdigung, die er den Geschehnissen zu teil werden ließ, erkennen solle, „ob und wie etwa er ein einzelnes Vorkommnis verwerten zu können glaube". Erst seine neue Erörterung machte dem Zweifel ein Ende. Und da sehe ich denn zu meinem Bedauern, daß ich wirklich da und dort fehlgegriffen hatte. Eines von den vier Momenten, an die ich mich gehalten, verleugnet Krasnopolski ganz und gar; er erklärt, selbst nicht in der Versuchung gewesen zu sein, es für seine Sache zu verwerten[99]). Ein anderes, das ich sehr ernst genommen, setzt er in seiner Bedeutung fast auf ein Nichts herab[100]). Dagegen zeigt es sich, daß ich ein Versäumnis beging, indem ich eine Bemerkung über die nach dem Austritt aus der Klostergemeinschaft fortbestehende Eheunfähigkeit der Ordenspersonen unberücksichtigt gelassen habe.

So bin ich denn heute wenigstens genau informiert. Wir sind sicher, das ganze Beweismaterial Krasnopolski's vor uns zu haben, und haben auch mit Gewißheit davon Kenntniß, in welchem Betracht ihm jeder einzelne Teil bedeutend dünkt. Habe ich mit Bezug auf diese meine These bewährt, so ist sie überhaupt als gesichert zu betrachten.

Indes werde ich in eigenem Interesse das historische Material noch etwas zu vervollständigen haben; und viel-

[99]) a. a. O. S. 23.
[100]) a. a. O. S. 16—17. S. 25.

leicht wird Krasnopolski mich freundlicher willkommen heißen, wenn ich, statt in der Schreckgestalt des Logikers, als schlichter Erzähler zu ihm komme, der ihm, wie gelegentlich schon früher einmal[101]), einige geschichtliche Daten bringt, teils ihm unbekannt, teils in ihrer Bedeutung für die Sache nicht von ihm gewürdigt.

Er selbst geht bis auf die Gesetzgebung Josefs II. zurück: ich werde bis auf's Tridentinum zurückgreifen.

Er meint, es sei schon infolge des Toleranzpatents Josefs II. dem Geistlichen höherer Weihen und der Ordensperson feierlicher Gelübde möglich gewesen, frei aus der Kirche zu scheiden: ich werde ihm das Gegenteil darthun.

Er weiß, daß die Verfasser des Gesetzbuchs das Hindernis der Weihe und des Gelübdes für indispensabel hielten: ich werde ihm auch die Thatsachen vorführen, mit denen diese zunächst befremdende Ansicht zusammenhängt.

Er weiß ebenso, daß v. Zeiller und andere die aus dem Stift, Kloster u. s. w. legal entlassene Ordensperson noch für eheunfähig hielten: ich werde ihm auch hier die Thatsachen, auf Grund deren sie so denken mußten, aufweisen, und er wird dann sehen, daß es unserer Frage nicht im geringsten präjudiziert.

Hinsichtlich der Ordnung bei Vorführung der geschichtlichen Momente scheint eine dreifache Gruppierung das entsprechendste.

---

[101]) S. oben S. 44 f.

Zunächst werden wir die verschiedenen Fassungen überblicken, welche das Ehehindernis wegen Weihe oder Gelübde, vom tridentinischen Konzil bis zur Aufnahme in das allgemeine bürgerliche Gesetzbuch erfahren hat, und untersuchen, auf welche Absicht diese Modifikationen, in sich selbst betrachtet, schließen lassen.

Dann werden wir jene Worte der Verfasser des Gesetzbuchs zusammenstellen, welche ausdrücklich etwas über die Absicht, die sie verfolgt haben, aussagen.

Endlich werden wir jene Äußerungen berücksichtigen, welche auf besondere Eigentümlichkeiten, die sie dem Ehehindernis zuschrieben, sich beziehen, wie z. B. auf die Unmöglichkeit einer Dispens oder auf den Fortbestand des Ehehindernisses bei gesetzlich erlaubtem oder verfügtem Ausscheiden aus Kloster und Ordensgesellschaft.

Von den vier Momenten, die ich bei der früheren Besprechung aus Krasnopolski's Bericht aushob, gehört das erste der ersten Gruppe an; das zweite entfällt, da Krasnopolski es selbst verleugnet; das dritte gehört zur zweiten, das vierte zur dritten Gruppe; und dieser ordnet sich auch das neu hinzugekommene, jetzt vierte Moment ein. So wird denn darüber, daß wir nichts übersehen haben, kein Zweifel obwalten können.

## 1.

Der Kanon IX, Sess. XXIV des Tridentinums, wurde schon einmal von uns vorgeführt. Der Übersichtlichkeit wegen mögen wir ihn hier wiederholen. Er lautet:

Si quis dixerit, clericos in sacris ordinibus constitutos vel regulares castitatem solenniter professos posse matrimonium contrahere, contractumque validum esse non obstante lege ecclesiastica vel voto . . . . . . . .: anathema sit.

Über seinen Inhalt kann kein Zweifel sein. Der Kanon verknüpft das Hindernis in dem einen wie andern Fall mit dem Stand. Soweit es die Geweihten anlangt, zeigt dies der Ausdruck „clerici in sacris ordinibus constituti" in Substantiv und Adjektiv vollkommen deutlich. Soweit es die Ordensprofessen betrifft, erkennt man es mit kaum geringerer Deutlichkeit, teils und vornehmlich an dem Substantiv „regulares", teils auch an dem Ausdruck „professi", der den Stand der Professen im Gegensatz zu dem der Novizen zu differenzieren bestimmt erscheint. Auch weiß jedermann, daß das Tridentinum niemanden anathematisieren wollte, der einem von dem votum solemne legal Entbundenen die Ehefähigkeit zuerkennt. Derselbe ist nicht mehr in dem Stande, in welchen ihn das Gelübde versetzt hatte; das einfache Faktum, daß er das Gelübde einmal abgelegt hat, würde dagegen, gleich anderm, was einmal geschehen ist, wie Aristoteles sagt, nicht einmal der allmächtige Gott zu beseitigen im stande sein, geschweige daß es der Papst, gleich der lex ecclesiastica für den priesterlichen Cölibatär, aufzuheben vermöchte [102]).

Das Ehehindernis, wie es das kanonische Recht im

[102]) Vgl. im übrigen unsere frühere Ausführung über den Kanon S. 34 ff.

Tridentinum ausgesprochen, galt nun in Österreich mehr als zwei Jahrhundertelang ohne weiteres auch vor dem Staate. Aber unter Kaiser Josef II. kam es zu einem formell selbständigen staatlichen Gesetz durch das Josefinische Ehepatent von 1783 und das bürgerliche Gesetzbuch von 1786. Hören wir, was dieses bestimmte!

„In Ansehen der in der katholischen Kirche mit dem Stande der Geistlichkeit und den abgelegten Ordensgelübden verbundenen Unfähigkeit zur Ehe", lesen wir hier, „bleibt das bisher Bestehende unabgeändert."

Hier ist kein Zweifel möglich. Was v. Zeiller sagt[103]), sieht jeder mit eignen Augen, nämlich, daß das Gesetz das Hindernis „beziehungsweise" zum kanonischen, und zwar durch ausdrückliche Erklärung der Identität des Inhalts, normiert. Es ist also klar, daß in dieser ersten formell selbständigen staatlichen Fassung das Ehehindernis der Weihe sowohl, als das des Gelübdes nach wie vor an einen Stand, und zwar das eine an den Stand des Geistlichen höherer Weihe, das andere an den des durch solennes Gelübde gebundenen Religiosen geknüpft war.

Wer, von dem kirchlichen Dekret abweichend, irgend etwas, z. B. die Worte „Stand der Geistlichkeit" in weiterem Sinne nehmen möchte (was Krasnopolski seltsamerweise dem Wortlaute nach für möglich hält [104])), den widerlegt die ausdrückliche Erklärung, daß man nichts als die kirchlicherseits in Bezug auf Geistliche gemeinte Beschränkung sanktionieren wolle. Ebenso würde der, welcher wegen Wegfall oder

---

[103]) S. ob. S. 33.

[104]) a. a. O. S. 22.

unvollständigem Ersatz des Ausdrucks „regulares“ einer Mißdeutung des Hindernisses des Gelübdes verfiele und es als einfache Beziehung auf eine Handlung ohne Rücksicht auf die dadurch übernommene Standespflicht faßte, durch den Rückweis auf das „regulares“ in der kirchlichen Bestimmung selbst über sein Mißverständnis aufgeklärt werden.

Es folgte nun die Bestimmung des Westgalizischen Gesetzbuchs von 1797, die im selben Jahr auch für Ostgalizien Gesetzeskraft erhielt und im sogenannten Urentwurf des a. b. Gesetzbuchs aufgenommen wurde. Die Fassung war die uns bekannte des heutigen § 63 a. b. Gesetzbuchs; hat doch dieses den Wortlaut des § 73 des Westgalizischen Gesetzbuchs unverändert beibehalten.

Vergleichen wir diese neue Bestimmung mit der unter Josef II. gegebenen!

Vor allem springt, als ein formeller Unterschied in die Augen, daß das Ehehindernis nicht mehr ausdrücklich „beziehungsweise normiert“ wird.

Dann aber fällt die größere Ähnlichkeit der Ausdrücke der neuen Fassung mit den Worten des tridentinischen Kanons auf, welche von der Art ist, daß sie nun ganz und gar den Charakter einer sinngetreuen Übersetzung haben. Ich habe dies schon wiederholt hervorgehoben [105]). Die Worte: „Geistliche, welche schon höhere Weihen empfangen haben“ erscheinen als die sinngenaueste Übersetzung der Worte

---

105) S. oben S. 34. S. 37. S. 86.

„clerici in sacris ordinibus constituti“. Hätte man statt „höhere Weihen“ „heilige Weihen“ gesetzt, so wäre dies geeignet gewesen, eine falsche Vorstellung zu erwecken, da man diesen Ausdruck entweder exklusiv auf die sakramentalen Weihen (Diakonat und Presbyteriat), oder, inklusiv der niedern, auf die geistlichen Weihen insgesamt hätte beziehen können, was bekanntlich der Meinung des Konzils nicht entspräche [106]). „Höhere Weihen“ also war, wenn man wirklich eine sinngetreue Übersetzung geben wollte, der einzige Ausdruck, der sich bot.

Sollte man bei solcher Übereinstimmung an bloßen Zufall glauben? — Nein, schon aus innerm Grunde nicht; um so weniger denn, da man es mit einem dem kanonischen Recht entstammenden Ehehindernisse zu thun hat. Kein Zweifel, man wollte die tridentinische Bestimmung, auf welche das Josefinische Gesetz nur beziehungsweise verwiesen hatte, nun expressis verbis wiederholen.

Und wie verhält es sich mit der auf die Gelübde bezüglichen Teilbestimmung? — Im Tridentinm hieß es

---

106) Die Erklärung des Ausdrucks findet sich in Thom. Aqu. Summ. theol. Suppl. q. 37a 3 mit folgenden Worten: Ordo sacer dicitur dupliciter: uno modo secundum se, et sic quilibet ordo est sacer, cum sit sacramentum (was nebenbei bemerkt, für die niedern Weihen und das Subdiakonat heute nicht mehr behauptet wird), alio modo ratione materiae circa quam habet aliquem actum: et sic ordo sacer dicitur, qui habet aliquem actum circa rem aliquam consecratam. Et sic sunt tres tantum ordines sacri, scilicet sacerdotium et diaconatus, qui habent actum circa corpus Christi et sanguinem consecratum, et subdiaconatus, qui habet actum circa vasa consecrata: et ideo eis etiam continentia indicitur, ut sancti et mundi sint qui sancta tractant.

„regulares castitatem solenniter professi“. Dafür setzt das Westgalizische Gesetzbuch „Ordenspersonen von beiden Geschlechtern, welche feierliche Gelübde der Ehelosigkeit abgelegt haben“. Der Ausdruck „Ordenspersonen beider Geschlechter“ ist die sinngetreue Wiedergabe von „regulares“. Dabei verrät sich ganz ähnlich wie früher bei der Übersetzung von „in sacris ordinibus“ ein Streben, Mißverständnisse auszuschließen. „Regulares“ könnte etwa auf bloße Männer gedeutet werden, zumal das Beiwort „professi“ männlichen Geschlechtes ist. Die vorsichtigen, auf möglichsten Ausschluß jedes Mißverständnisses bedachten Übersetzer, obwohl die Worte „welche feierliche Gelübde der Ehelosigkeit abgelegt haben“ in sich genommen eine exklusive Beziehung auf das männliche Geschlecht nicht nahelegen, scheinen gefürchtet zu haben, daß die etwaige Herbeiziehung des tridentinischen Originals noch immer eine Versuchung dazu herbeiführen könnte, und so nehmen sie denn die sonst als unnützer Ballast erscheinenden Worte „von beiden Geschlechtern“ nicht undienlich in die Bestimmung auf.

Obwohl wir andersher über die besondere Absicht der Verfasser des Westgalizischen Gesetzbuchs nicht unterrichtet sind, scheint dieselbe hiernach aus dem, was sie gethan, mit moralischer Sicherheit erkenntlich. Sie hatten sich die Aufgabe gestellt, die Bestimmung der Hindernisse der Weihe und des Gelübdes, welche das Josefinische Gesetz beziehungsweise zum kirchlichen normiert hatte, selbständig zu geben. Wollten sie an ihr auch inhaltlich eine Veränderung vornehmen? — Dafür ist kein Grund abzusehen; und die Abneigung gegen unnütze Veränderungen wohnte ja nicht bloß den

Gesetzverfassern von 1811 ausgesprochenermaßen (vergl. Sitzung vom 13. Novbr. 1809), sondern wohnt jedem vernünftigen Gesetzverfasser selbstverständlich inne. Wenn nun die Verfasser des Gesetzbuchs von 1797 dasselbe sagen wollten, wie die Kirche, was lag näher, als die ohne Beziehung zur kirchlichen Bestimmung ungenügende Fassung des Josefinischen Gesetzes durch eine Wiederholung der kirchlichen Bestimmung in sinngetreuer Übertragung zu ersetzen? Und da nahmen sie denn den Kanon des letzten ökumenischen Konzils vor und übersetzten die Ausdrücke mit größter Gewissenhaftigkeit in die deutsche Sprache, überzeugt, jetzt ohne jede Sinnesabweichung das bürgerliche Ehehindernis dem kirchlichen konformiert zu haben.

Indes, so sorgsam diese Männer vorgegangen waren, eines hatten sie doch übersehen; sie hatten nicht an den Einfluß gedacht, den die fernabstehenden Worte „ex lege ecclesiastica“ in beschränkender Weise üben. Hebt z. B. die kirchliche Dispens für einen Geistlichen die lex ecclesiastica auf, oder dehnt die lex ecclesiastica das Hindernis der Weihe nicht als trennendes, sondern nur als verwehrendes auf die Geistlichen des griechischen Ritus aus[107]), so trifft den, welcher für diese die Un-

[107]) Was wenigstens die Meinung der Verfasser des Gesetzbuchs und, wie es scheint, des sie beratenden griechisch unierten Metropoliten war. Anders dachten die Verfasser der „Anweisung“, die dem kaiserl. Patent vom 8. Oktober 1856 beigegeben ist, und mit ihnen in Übereinstimmung finden wir schon die Verfasser des Supplements zu Thomas Aqu., Summ. theol. (q. 53 a. 3).

fähigkeit zur Eheschließung leugnet, gewiß nicht das tridentinische Anathem.

So war denn — aller Wahrscheinlichkeit nach ganz gegen den Willen der Gesetzverfasser und Gesetzgeber von 1797 — eine inhaltliche Differenz zwischen dem staatlich und dem kirchlich aufgestellten Ehehindernis geschaffen. Niemand hatte ein Interesse an dieser Differenz, und man begreift, daß es den Verfassern des a. b. G.B. von 1811 Bedenken erweckte, ob man überhaupt die Bestimmung des Westgalizischen Gesetzbuchs werde beibehalten können. Und hiermit gehen wir zur zweiten Gruppe der Fakta über, welche ich vorzuführen und zu erklären habe.

Präzisieren wir das Ergebnis der ersten Betrachtung. Es ist offenbar dies: Wenn man auf den Charakter der Modifikationen schaut, die der Text des Gesetzes erlitten hat, so spricht alles auf's entschiedenste dafür, daß die gesetzliche Bestimmung das Hindernis an nichts anderes, als an den Stand des Geistlichen höherer Weihe und an den Stand der Ordensperson feierlicher Gelübde knüpfen will; — also das gerade Gegenteil von dem, was Krasnopolski behauptet.

2.

Gehen wir weiter! Ich berichtete eben von der Differenz zwischen staatlichem und kirchlichem Gesetz, welche, aller Wahrscheinlichkeit nach durch bloßes Versehen, im Westgalizischen Gesetz geschaffen war. In der That mußte sie geradezu als ein Übelstand erscheinen. Die Verfasser des a. b. G.B. von 1811 fanden denselben zunächst so gewichtig, daß sie, um ihn zu beseitigen, in der Sitzung vom 8. März 1802 den Beschluß faßten, eine Abänderung zu treffen, welche das Ehehindernis auf Geistliche des lateinischen Ritus beschränkte.

Aber das Westgalizische Gesetz war auch in Ostgalizien aufgenommen worden, und auch in dem Entwurf eines a. b. G. B. von 1797 publiziert. Da war denn dem Staatsrat v. Pfleger die Erklärung des Metropoliten der unierten griechischen Kirche sehr willkommen, der meinte, die Beibehaltung würde zu keinem praktischen Übelstande führen. Wenn nämlich keinem impedimentum dirimens[108]), so unterlag doch der griechisch unierte Priester (und das Gleiche galt von dem nicht unierten) einem impedimentum impediens der Ehe, und faktisch kam ein Fall solcher Ehe niemals vor; die Kirche aber konnte nicht wohl Klage führen, wenn der Staat ein von ihr selbst erlassenes Verbot nun mit schärfster Accentuation, durch Ausschluß jeder staatlichen Anerkennung, unterstützte. v. Pfleger erstattete in der Sitzung vom 13. Novbr. 1809 darüber Bericht. Und aus solchem Grund und ausgesprochenermaßen solchem Grund allein, wurde nun beschlossen, die Bestimmung des Westgalizischen Gesetzbuchs unverändert zu lassen, obwohl das Prinzip, die impedimenta dirimentia nicht zu vermehren, im allgemeinen von allen gebilligt (vgl. Sitzung vom 8. März 1802),

---

[108]) Vgl. hier das S. 98 Anm. 106 Gesagte.

sogar unter diesen Umständen zwei Mitgliedern noch zu überwiegen schien.

Von da an ist es unleugbar, daß über den Bestand eines gewissen Unterschieds zwischen kirchlicher und staatlicher Feststellung der Eheunfähigkeit die Gesetzverfasser sich klar gewesen sind. Staatsrat v. Pfleger spricht ihn mit aller Bestimmtheit aus. Freilich stellt er ihn aber nicht als einen solchen dar, der als wünschenswert beabsichtigt sei, vielmehr nur als etwas, was man als praktisch völlig belanglos zulasse. Und, man bemerke wohl[109], mit dem Bewußtsein einer Differenz in Ansehung des Umfangs der Eheunfähigkeit verband sich das einer Übereinstimmung in Ansehung des Umfangs, in welchem Kirche wie Staat die Ehe verwehrten. Man glaubte das Eheverbot der Kirche, insofern es sich auf Geweihte bezieht, in gewissen Fällen, wo die Kirche selbst die Übertretung ihres Verbots nicht die Ungültigkeit zur Folge haben läßt, wenn man staatlicherseits die Anerkennung der Gültigkeit versagte, nur um so energischer zu unterstützen.

Wo alle Motive in solcher Weise klargelegt sind, kann über die Absicht der Verfasser der Gesetze von 1811 kein Zweifel aufkommen.

Einmal ist offenbar (was vernünftigerweise von vornherein nicht in Zweifel gezogen werden konnte), daß es sich auch ihnen wirklich um ein Ehehindernis zum Schutze kirchlicher Institutionen handelte.

---

[109]) Vgl. oben S. 98.

Dann, daß man eine Abneigung gegen jede unnütze Änderung hatte.

Endlich, daß die erste Rücksicht die vorzügliche war. Daher zunächst das Vorhaben, zu genauerem Anschluß an das Kirchenrecht den Westgalizischen Paragraphen abzuändern, und der Verzicht darauf nur infolge der Überzeugung, daß die Beibehaltung kein Interesse der Kirche verletzen und überhaupt keine praktische Folge haben werde.

Wenn man nun die beiden Motive, die nachweisbar allein hier Einfluß hatten, erwägt, so ist es klar, daß den Verfassern der Gesetze von 1811 nichts mehr widerstrebte, als der Gedanke, die Differenz zwischen staatlicher und kirchlicher Gesetzgebung, die zufällig im Westgalizischen Gesetzbuch entstanden war, noch zu erweitern. Daß sie vorgehabt hätten, im Unterschied vom kirchlichen Gesetz und im Unterschied von dem, was bei Abfassung des Westgalizischen Gesetzbuchs aufs deutlichste erkennbar war, das Ehehindernis nicht mehr an den Stand der Geistlichen höherer Weihen und der Ordensleute mit solennen Gelübden der Keuschheit, sondern an bloße Ereignisse zu knüpfen, das verrät sich nicht bloß mit keinem Laut, sondern man könnte es nur im Widerstreite mit allem, was die Verhandlungen zu erkennen geben, behaupten. Soweit man an eine Abänderung dachte, war es höchstens eine solche, die zu noch größerer Konformität mit dem Kirchengesetze zu führen geeignet gewesen wäre.

So ist denn, wie bei den Verfassern des Westgalizischen Gesetzbuchs von 1797, auch bei denen des a. b. G.B. von 1811 mit moralischer Sicherheit ausgeschlossen, daß sie jene Kluft zwischen dem Inhalt des kirchlichen und bürgerlichen Gesetzes schaffen wollten, die Krasnopolski mit Berufung auf ihre in den Protokollberichten kundgegebenen Absichten dem Wortlaut entgegen behauptet hat. Wir finden also auch hier das gerade Gegenteil von dem, was Krasnopolski glauben machen möchte.

Aber hat nicht v. Pfleger einmal „die höheren Weihen", ein anderes mal „die höhere Weihe" schlechthin als „trennendes Ehehindernis" bezeichnet, ohne einer Zugehörigkeit zum geistlichen Stand irgendwie als Bedingung zu erwähnen[110])? — Allerdings hat er dieser Worte sich bedient, aber Krasnopolski hat sich in seltsamer Täuschung befunden, als er sie für sich verwerten zu können glaubte[111]). Diesen oder einen noch mehr gekürzten Ausdruck gebraucht ja jedermann heute wie damals, wenn er, statt ausführlich den Inhalt des Gesetzes zu entwickeln, es mit seinem Namen benennt[112]). Auch habe ich anderwärts[113]) darauf aufmerksam gemacht, daß das Wort „Weihe" aller Wahrscheinlichkeit nach hier in jenem Sinne zu nehmen ist, den das Wort „ordo" im tridentinischen Kanon hat. Man würde fehlgehen, wenn man den Terminus im Sinne von „ordinatio" faßte. Niemand hat noch je von einem „impedimentum ordinationis" gesprochen, wie nicht zur Bezeichnung des kano-

---

110) Sitzungen vom 13. und 16. Novbr. 1809.

111) a. a. O. S. 5, S. 6, S. 24 f.

112) Vgl. oben S. 60.

113) a. a. O. S. 8. (Beil. S. 151.)

nischen, so auch nicht des in Österreich geltenden bürgerlichen Ehehindernisses.

Krasnopolski meint, der Umstand, daß v. Pfleger das eine Mal den Ausdruck im Plural setzt, spreche dagegen und deute eine besondere Beziehung auf die Stelle des Paragraphen an, wo ebenfalls das Wort „Weihen" im Plural stehe[114]). Aber da v. Pfleger das andere Mal den Singular gebraucht, ist dies offenbar von gar keinem Gewicht. Dabei zeigt sich, daß, je mehr man den Ausdruck hier und im Gesetzesparagraphen gleichmäßig verwendet denkt, um so entschiedener die Wage auf unsere Seite sich neigt. Denn gerade im Text des Paragraphen bedeutet „Weihen" unmöglich so viel wie „ordinationes", sondern entschieden so viel wie „ordines"; denn niemand sagt „ordinationes susceperunt" oder „in ordinationibus constituti sunt", und insbesondere sagt dies auch nicht das Tridentinum, welches vielmehr in der Stelle, die hier übersetzt erscheint, (auch seinerseits den Plural anwendend) die Worte gebraucht „in sacris ordinibus constituti". Die Fassung als Standesbezeichnung und nicht als Beziehung auf ein stattgehabtes Ereignis ist also bei der Bezeichnung, deren v. Pfleger sich bedient, in Rücksicht auf allen und jeden Umstand ganz überwiegend wahrscheinlich[115]).

Also auch dieses Mittelchen versagt Krasnopolski gänzlich. Insofern man überhaupt hier etwas entnehmen kann, kann man nur eine neue Bestätigung unserer Auf-

---

[114]) a. a. O. S. 24.

[115]) Vgl. oben S. 21 Anm. 32 Nr. 2.

fassung finden. Doch wäre es, scheint mir, kleinlich, so Geringes auch nur in Rede zu ziehen, wo, was die Verfasser des Gesetzbuchs bei der Aufnahme des Paragraphen gewollt und nicht gewollt haben, ausdrücklich und unzweideutig entwickelt vor uns liegt.

Weg also mit solchen offenbaren Nichtigkeiten, ganz im Stil der Berufung auf die Überschrift des Paragraphen selbst, die wir früher mit kurzem Worte abgefertigt haben![116]

Nein, wenn irgend etwas, so könnte nur etwa eines mit einem gewissen Schein als Ausweg versucht werden. Und hier gilt es in der That, noch etwas Licht zu verbreiten, um jeden Rest eines Bedenkens verschwinden zu lassen.

Die Verfasser des Gesetzbuchs von 1811 haben die ausgesprochenste Aversion gegen Abweichungen von der kirchlichen Bestimmung, und das machten wir gegen die ihnen von Krasnopolski unterschobene Absicht einer Inhaltsänderung, nach der an die Stelle des Standes ein bloßes Ereignis träte, geltend. Aber die Verfasser verraten, daß sie, als praktische Männer, mehr auf thatsächliche als formelle Harmonie Wert legten. Daher ja v. Pflegers Antrag nach Einholung der Meinung des Metropoliten und dessen Genehmigung. Wenn sich nun zeigen ließe, daß um besonderer Umstände willen eine größere Abweichung von der Kirche in Bezug auf den Inhalt des Gesetzes eine größere Übereinstimmung mit den Entscheidungen ihrer Ge-

---

[116]) S. oben S. 60.

richte zur Folge gehabt hätte, so könnte dies den Verfassern des Gesetzes, gerade ob ihrem Wunsch nach wesentlicher Konformität, die Abweichung empfohlen haben.

Man kann sich, was ich meine, im Hinblick auf die gegenwärtige Lage klar machen, wo Krasnopolski als Mitarbeiter einer klerikalen Zeitschrift einen Unterschied des Inhalts zwischen staatlicher und kirchlicher Bestimmung glaubhaft machen will, um beide eben dadurch nach dem Umfange richterlicher Verwendbarkeit besser zur Deckung zu bringen.

Wenn der Staat so wie die Kirche das Ehehindernis an Standeseigentümlichkeiten geknüpft hat, so sind die Nichtgeistlichen, welche höhere Weihen empfangen haben (und solche giebt es ja nach der heutigen Stufe der Rechtsentwicklung für den Staat wirklich), staatlich von dem Ehehindernis frei, kirchlicherseits aber, noch immer zu den Geistlichen höherer Weihen gehörig, ihm unterworfen. Wenn dagegen der Staat, im Gegensatz zur Kirche, das Ehehindernis an die einfache Thatsache der Ordination geknüpft hätte, so entzöge der Umstand, daß einer aufhört, zu den Geistlichen gezählt zu werden, ihn nicht der beschränkenden Bestimmung; daher hätten wir wirklich als Ergebnis jenes scheinbare Paradoxon vollkommneren praktischen Einklangs infolge bedeutenderer inhaltlicher Differenz. — Wenn man wirklich im Jahre 1811 oder 1797 einen inhaltlichen Unterschied wie den, welchen Krasnopolski behauptet, einführen wollte, so würde dies gewiß nur in derartiger Tendenz haben geschehen können.

Aber wenn dies, wenn man wirklich um solch wichtiger

Konsequenzen willen mit Bedacht vom Inhalt des kirchlichen Gesetzes abweichen wollte, ist es dann (um zunächst von 1797 zu sprechen), begreiflich, daß man sich geradezu ängstlich bemüht zeigte, sich übersetzend an den Wortlaut des tridentinischen Kanons anzuschließen? — Das hieße ja doch wahrlich, um zu Fuße zu gehen, sich auf's Pferd setzen [117].

Und was die Verfasser des Gesetzbuchs von 1811 anlangt, ist es da denkbar, daß, wenn ihnen ein solcher Gedanke vorschwebte, in ihren Sitzungen zwar in longum et latum über andere Differenzen und Differenzlein gesprochen wird, aber dieser wichtigen Differenz und der Motive, die sie empfohlen haben sollen, mit keinem Wort Erwähnung geschieht? — Hier sind es einmal gerade wieder die Protokolle, die der Hypothese bereits jede Möglichkeit nehmen.

Doch noch mehr. Ich habe, um diesen Gedanken von vornherein auszuschließen, schon in der früheren Schrift gegen Krasnopolski darauf aufmerksam gemacht, daß zur Zeit von 1811 (ich hätte mit Beziehung auf das Westgalizische Gesetzbuch auch „Zeit vor 1811", wie es jetzt durch einen Druckfehler lautet, sagen können [118])) die Bestimmungen über den Austritt aus der Kirche noch nicht so geregelt waren, wie heute. Eine Klasse bloß gewesener Geistlicher höherer Weihen und bloß gewesener Religiosen mit solennen Gelübden gab es damals nicht und konnte es nicht geben. Und

---

[117]) Vgl. Noch e. Wort ü. d. Eheh. S. 7. (Beil. S. 148.)

[118]) Vgl. oben S. 21 Anm. 32 Nr. 1.

„die Frage, ob nur die wirklichen oder auch die aus Kirche und Christentum ausgetretenen Geistlichen einzubegreifen seien, konnte also den Verfassern des Gesetzbuchs gar nicht in den Sinn kommen“ [119]).

Krasnopolski findet sich durch diese Bemerkung befremdet.

Vor allem begreift er nicht [120]), warum ich die Worte „und Christentum“ beigefügt habe, da ja jeder Austritt aus der Kirche, und wäre es auch nur durch Übertritt zu einer andern christlichen Religionsgenossenschaft, den Geistlichen in den Augen des Staats gleichmäßig zu einem bloß gewesenen Geistlichen mache. (Auch andere haben sich an dem Zusatz gestoßen; ein protestantischer Theologe meinte gar daraus zu entnehmen, daß ich diejenigen, welche von der katholischen Kirche zum Protestantismus überträten, nicht mehr als Christen gelten lassen wolle.)

Dann aber leugnet Krasnopolski [121]) geradezu die Berechtigung meiner Behauptung, daß es damals in den Augen des Staats keine bloß gewesenen Geistlichen höherer Weihen (beziehungsweise keine bloß gewesenen Ordensleute mit solennen Gelübden) habe geben können. Infolge des Toleranzpatents vom 13. Oktober 1781 war ja, sagt er, der Übertritt vom Katholizismus zu einer der tolerierten christlichen Kirchen möglich, und die zu einer von ihnen übergetretenen Priester oder Ordensleute solenner Gelübde

---

119) a. a. O. S. 5. (Beil. S. 145.)

120) a. a. O. S. 31.

121) ebend.

konnten dann in den Augen des Staats unmöglich mehr als Priester, unmöglich mehr als Ordensleute solenner Gelübde gelten.

Ich antworte: Die Hinzufügung der Worte „und Christentum" war von mir sehr wohl überlegt, und meine Behauptung, daß es damals auch in den Augen des Staats keine bloß gewesenen Geistlichen höherer Weihen geben konnte, vollkommen dem Thatbestand entsprechend.

Um die Bedeutung jenes Zusatzes „und Christentum" zu verstehen, achte man nur auf die beiden in meinen letzten Wünschen f. Ö. (vgl. bes. S. 66 ff.) in präzisester Fassung vorgelegten Argumente, welche darthun, daß der Staat einen aus der Kirche ausgetretenen Geistlichen wie einen, der des Charakters eines Geistlichen entkleidet sei, ansieht und ansehn muß. Man wird erkennen, daß vor der Möglichkeit legalen Austritts aus dem Christentum keines von beiden möglich war. Erst durch die Anerkennung eines Getauften als Nichtchristen zeigte der Staat aufs unwidersprechlichste, daß er den sakramentalen Charakter nicht ebenso, wie die Kirche es thut, als unauslöschlich betrachtet.

Infolge davon ergiebt sich denn auch, daß, solange der österreichische Staat den Austritt aus dem Christentum selbst nicht als rechtsgültig anerkannte, ein Zweifel darüber, wie er zum unauslöschlichen sakramentalen Charakter der Weihe Stellung nehme, selbst wenn er den Geistlichen aus der Kirche scheiden ließ, viel eher als heute möglich war. Die Ansicht, daß derselbe trotz legalem Austritt von dem Staat noch immer als Geistlicher betrachtet werde, und nur nicht mehr (wenn er dies zufällig gewesen) als Beamter der verlassenen

Kirche, hätte man damals mit scheinbareren Gründen als gegenwärtig [122]) verfechten können.

Doch dies hat uns schon zum zweiten Punkt geführt; und da ist noch ganz anderes zu sagen. Wenn es nämlich richtig ist, daß das Josefinische Patent im allgemeinen den Katholiken den Übertritt zu einer der tolerierten christlichen Religionsgenossenschaften erlaubte, so doch nicht für jene Fälle, in welchen die Kirche auf die betreffende Person, wie es bei Geistlichen höherer Weihen und Ordensleuten solenner Gelübde der Fall ist, besondere genossenschaftliche Rechte besaß, welche durch ihren Austritt verletzt worden wären.

Wem dies unbekannt ist, dem muß es in der That befremdlich sein, daß thatsächlich in jenen Zeiten weder ein Geistlicher höherer Weihen noch eine Ordensperson solenner Gelübde jemals zum Protestantismus übertrat. Schon dies negative Faktum ist ein Hinweis auf das, was ich sagte.

Was es aber vollends über allen Zweifel erhebt, ist ein Vorfall, über den der bekannte katholische Schriftsteller Sebastian Brunner in seinem Werk über Josef II. [123]) mit aller nur wünschenswerten Ausführlichkeit berichtet, indem er es einfach als eine Caprice des Kaisers darstellen will. [124])

Ein Ordensmann mit feierlichen Gelübden hatte infolge des Toleranzpatents zum Protestantismus übertreten

---

[122]) Vgl. Laurin, Der Cölibat der Geistlichen S. 217 ff. u. Meine letzt. Wünsche S. 68 ff.

[123]) Sebastian Brunner, Josef II., Charakteristik seines Lebens, seiner Regierung und seiner kirchlichen Reformen, Freiburg, Herder 1874.

[124]) Vielleicht wird mancher die Weise, wie ich das Verhalten des edelgesinnten Kaisers zu erklären suche, zu einer Rechtfertigung nicht

wollen. Seine Ordensobern hatten sich widersetzt. Die Sache war zu gerichtlicher Verhandlung gekommen, und die Richter hatten mit Rücksicht auf das Toleranzpatent zu Gunsten des Ordensmannes entschieden. Kaiser Josef annullierte das Urteil.

Es bleibt also bei dem, was ich bereits in meiner ersten Kritik Krasnopolski's gesagt: zu jener Zeit konnte es, wie in den Augen der Kirche, so auch in denen des österreichischen Staates einen Nichtgeistlichen, welcher höhere Weihen empfangen, einen Nichtreligiosen, welcher solenne Gelübde abgelegt hatte, gar nicht geben[125]. Auch das eben fingierte und, abgesehen von den geschilderten Verhältnissen, wirklich, aber auch einzig denkbare Motiv für eine Sinnesänderung des Gesetzes, wie Krasnopolski sie ohne allen Grund und Schein behauptet, war daher völlig ausgeschlossen.

---

genügend finden. Aber wie immer man seine Entscheidung als Abfall von den allgemeinen Grundsätzen der Toleranz mißbilligen mag, sicher erscheint sie als authentische Interpretation des von ihm erlassenen Patentes. Sie verfügt nicht (etwa zur Strafe besondern Mißverhaltens) eine Ausnahme für die Person, sondern bekundet, daß der Gesetzgeber von vornherein die Klasse nicht inbegriffen haben wollte.

[125]) Selbst das Gesetz vom 25. Mai 1868 Art. IV könnte jemanden, der nicht auch dem Geist der ganzen Gesetzgebung genügend Rechnung zu tragen wüßte, vielleicht darüber in Zweifel lassen, wenn nicht Art. V beigefügt wäre; wie denn auch die sofort wirklich vorkommenden Fälle die legale Möglichkeit des Austritts eines Geistlichen höherer Weihen (beziehungsweise einer Ordensperson solenner Gelübde) deutlich genug hervortreten ließen. In diesem Sinne vorzüglich hatte man immer den triftigsten Grund, die Wichtigkeit von Art. V für unsere Frage zu betonen. Es ist klar, daß die Bedeutung, die ihm, so erläutert, zukommt, von dem, was Krasnopolski (a. a. O. S. 12 u. ö.) sagt, nicht im mindesten berührt wird. (Vgl. ob. S. 81, Anm. 93.)

3.

Doch wie kann ich sagen: „ohne allen Grund und Schein“? weist nicht Krasnopolski darauf hin, daß das Ehehindernis des Ordensgelübdes bei Aufhebung von Stift, Kloster, Orden nicht als erloschen betrachtet wurde? Der Stand hat hiernach, wenigstens soweit es sich um Religiosen handelt, nichts mit der Sache zu thun; und für sie wenigstens erklärt darum auch v. Zeiller selbst ausdrücklich Krasnopolski's Ansicht für richtig[126]). Wenn es nun aber in diesem Stücke sich zeigt, daß trotz allem, was wir auseinandergesetzt, die Bestimmung des bürgerlichen Rechts nach Ansicht der Verfasser des Gesetzbuchs von 1811 eine inhaltlich andere war, als die des tridentinischen Kanons: werden unsere Argumente dafür, daß bürgerliche wie kanonische Bestimmung das Ehehindernis übereinstimmend an den Stand knüpfe, auch nur in betreff der Geistlichen höherer Weihen noch Vertrauen verdienen? Offenbar in keiner Weise; denn für beide Glieder hatten wir den innigen Anschluß, die übersetzungsartige Nachbildung der Worte; und für beide auch die ausgesprochene Abneigung gegen Änderungen, und namentlich Änderungen, die vom Inhalt des kanonischen Rechts entfernten, gleichmäßig geltend gemacht. Erweisen sie sich nun in Bezug auf den einen Teil als hinfällig, so wird man sie in Bezug auf den andern nicht wohl verlässig nennen können. Vielmehr wird schon die Analogie des einen Glieds mit dem andern zu dem Schlusse berech-

---

126) Krasnopolski a. a. O. S. 7, ebend. S. 27, S. 33.

tigen, daß auch beim Geistlichen, nicht sowohl der Stand, als vielmehr einzig und allein das Ereignis der Weihe, und also durchwegs ein Ereignis es sei, woran nach dem österreichischen bürgerlichen Recht das Ehehindernis der Weihe und des Gelübdes geknüpft erscheine.

Dies führt uns zur dritten und letzten Gruppe von Thatsachen, welche wir in den Protokollberichten unterschieden haben, über. Es handelt sich hier um Äußerungen der Verfasser des Gesetzbuchs über den Fortbestand des Ehehindernisses, die gegen uns zeugen sollen. Außer dem oben berührten Moment gehört auch ihre Ansicht, daß das Ehehindernis indispensabel sei, hierher.

Zuerst vom ersten Punkte.

v. Zeiller (ad § 63 Z. 2) ist ausgesprochenermaßen der Überzeugung, daß die Ordensperson, wenn sie, z. B. infolge von Klosteraufhebungen, in berechtigter Weise aus dem Ordensverbande geschieden ist, nach wie vor unfähig sei, eine Ehe einzugehen. Läßt sich dies mit der Annahme, er habe unsere und nicht Krasnopolski's Auffassung geteilt, in Einklang setzen? — Ich antworte: Gewiß und sehr einfach, sobald man nur bedenkt, daß der Charakter des durch Ordensgelübde Verpflichteten, der Ordensstand in dem, wie im Tridentinum, so auch in der Übersetzung des Westgalizischen G.B. vermeinten Sinne mit der Aufhebung des Klosters oder dem sonstwie staatlich verfügten Austritt aus seinem Verbande nicht enden kann. Es wird dies so wenig der Fall sein, als daß der Priester des griechischen Ritus, des Rechtes priesterlicher Funktionen beraubt, aufhört, den priesterlichen Charakter zu tragen[127]). v. Zeiller hatte offenbar diese richtige Ansicht, die auch heute noch unter den österreichischen Juristen Anhänger zählt, aber nicht mehr allgemein angenommen erscheint. Darauf deuten Glasers Worte in der Rede vom 8. Februar 1876, die Krasnopolski gelegentlich citiert[128]), daß „die Frage, wann jemand aus dem Orden" (d. h. aus dem Ordensstande) „ausgetreten ist, im Augenblicke bei dem momentanen Standpunkte der Gesetzgebung staatlich durchaus nicht geklärt ist". Nur für den Fall, daß die Person aus der Kirche selbst ausscheidet, besteht auch in betreff ihres Austritts aus dem Ordensstande kein Zweifel, da dieses Ausscheiden aus der Kirche das Ausscheiden aus dem betreffenden Teil der Kirche evidentermaßen involviert, und alle genossenschaftlichen Rechtsbeziehungen zur Kirche ausdrücklich durch das interkonfessionelle Gesetz für abgeschnitten erklärt werden. Aber dieser Fall war, wie wir schon sahen, zur Zeit v. Zeillers gänzlich ausgeschlossen. Damals also mußte in der That, mochte man das Ehehindernis unmittelbar an das Ereignis oder, der kirchlichen Fassung entsprechend, an den durch das Ereignis erworbenen Stand geknüpft denken, das Ereignis als etwas betrachtet werden, was das Ehehindernis für die ganze Lebenszeit zur Folge habe.

So löst sich denn der Einwand durch Hinweis auf denselben historischen Irrtum Krasnopolski's, den wir schon an früherer Stelle hervorzuheben und zu widerlegen uns veranlaßt sahen[129]).

---

[127]) N. e. W. ü. d. Eheh. d. h. W. S. 7. (Beil. S. 151 f.)
[128]) a. a. O. S. 15.
[129]) Vgl. S. 108 ff.

Doch wie? konnte nicht wenigstens infolge kirchlicher Dispens der Fall einer vom Ordensgelübde freien Person, die das Ordensgelübde feierlich abgelegt hatte, geschaffen werden? — Die Frage ist heute ohne Zweifel zu bejahen, denn der Papst hat solche Dispens in neuerer Zeit faktisch erteilt. Vordem waren die Ansichten der Theologen darüber geteilt, und kein Geringerer als Thomas v. Aquin, dessen Summa theologica auf dem Beratungstisch der Väter von Trient der heiligen Schrift zur Seite lag, spricht sich, und in energischen Worten, dagegen aus. „Papa non potest facere, quod ille, qui est professus religionem, non sit religiosus, licet quidam juristae ignoranter contrarium dicant", sagt er in der Summ. theol. 2a. 2ae. q. 88 art. 11 corp. art. mit Bezug auf die Ordensperson solenner Gelübde; und wieder und wieder kommt er darauf zurück (vgl. ibid. q. 186 art. 8 ad 3 und q. 189 art. 8 ad 5). Schon durch das Ansehen, welches der „Doctor angelicus" genoß, war diese Meinung die Sententia communior, wenn nicht communissima geworden, und sehr natürlich erscheint es, wenn auch v. Zeiller sie teilte und nicht zu den „juristae, qui ignoranter contrarium dicunt" zählen wollte. So hellt denn der Einblick in eine Reihe von Umständen, die Krasnopolski sehr entschuldbarerweise unbekannt geblieben zu sein scheinen, das Dunkel vollkommen auf. Von einer Schwierigkeit, die hier für uns zurückbliebe, kann in keiner Weise mehr die Rede sein.

Wird uns denn nun aus der Thatsache, daß die Verfasser des Gesetzbuchs das Ehehindernis für indispensabel hielten, eine erwachsen können? — Unmöglich. Krasnopolski selbst erklärt, seine darauf bezügliche Bemerkung habe nur auf die Thatsache hinweisen sollen, „daß die Verfasser des a. b. G.B. über dieses so wie über einzelne andre Ehehindernisse strenger dachten als das kanonische Recht“ [130]).

Aber wie erklärt sich denn dies an und für sich betrachtet sehr auffallende Faktum? — Offenbar aus dem eben Erörterten. Die Verfasser des Gesetzbuchs meinten, indem sie so dachten, im Einklang mit dem kanonischen Rechte selbst zu urteilen[131]). Wir finden also wieder das Streben genauesten Anschlusses an die Bestimmungen des kanonischen Rechts.

Und dieses Streben, ich frage, ist es dem Ge-

[130]) a. a. O. S. 16.

[131]) Es könnte einer sagen, was ich von gleicher Strenge mit dem vermeinten kanonischen Rechte sage, habe doch nur etwa auf das Votum solemne, nicht aber auf den Ordo Anwendung. Aber auch dieses Bedenken löst sich mit Rücksicht auf das verbreitete Theologumenon (vgl. z. B. Thomas v. Aquin, S. Th. suppl. q. 53a. 3, Hähnlein a. a. O. S. 640), daß im Empfang der höhern Weihe das Gelübde der Keuschheit involviert sei. Worte des großen Kirchenlehrers, die ich eben citierte, konnten dann leicht dazu führen, auch hier ein Votum solemne von gleicher Indispensabilität wie das Ordensgelübde der Keuschheit anzunehmen. (Summ. theol. 2a. 2ae. q. 88 art. 7. „Duobus modis voti solemnitas celebratur, nimirum quando quispiam per susceptionem sacri ordinis se totum divino ministerio tradit, et quando per certae regulae professionem . . . perfectionis statum assumit. vgl. den ganzen Artikel und art. 9 corp. art.) Ja, Thomas scheint wirklich auch selbst dieser Ansicht gewesen zu sein, wenigstens waren es die Verfasser des Supplements seiner theologischen Summe. (Vgl. Summ. theol. Suppl. q. 53 a. 2 corp.)

danken günstig oder ist es mit ihm schlechthin unverträglich, daß man geradezu darauf ausgegangen sei, die von Krasnopolski, wie ich nun doch wohl zugestandenermaßen werde sagen dürfen, ganz ohne Grund angenommene inhaltliche Differenz zu schaffen? — Diese Frage wird jeder sich selbst beantworten.

Also auch mit Bezug auf die dritte Gruppe von Thatsachen, die uns in den auf unsere Frage bezüglichen Protokollberichten überliefert sind, gilt dasselbe wie mit Bezug auf die beiden ersten. Nichts ist darin uns ungünstig, dagegen enthalten sie solches, was aufs neue gegen Krasnopolski's Behauptung spricht.

Um in vollem Maße zu erkennen, wie sehr dies in betreff der Meinung v. Zeillers und anderer von der Indispensabilität des Hindernisses der Fall sei, erwäge man auch noch folgendes.

Wenn jemand ein Ehehindernis für indispensabel hält, so weist dies darauf hin, daß er es an etwas besonders Wichtiges geknüpft glaubt. So finden wir es in der That beim Ehehindernis der Bigamie; es knüpft sich an den Stand des Verheirateten mit den ernsten ehelichen Verpflichtungen, die er involviert, nicht an das Faktum, daß eine Person sich einmal verheiratet hat, gleichviel, ob die geschlossene Ehe noch bestehe oder nicht[132]). Und ebenso verhält es sich mit dem Ehe-

[132]) Diejenigen, welche meinen, der österreichische Staat könnte im Falle einer Mischehe zwischen Katholiken und Protestanten, wenn er den katholischen Teil für unfähig erklärt, sich zu Lebzeiten des ge-

hindernis des Unchristentums; es knüpfte sich an den Bestand der, nach den Anschauungen der Zeit überaus mächtigen Kluft zwischen dem Stande des Christen und des

---

schiedenen Gatten mit einer andern Person zu vermählen, den protestantischen Teil von derselben Beschränkung frei erklären, übersehen, daß er, wenn er so verführe, eine Bigamie gestatten würde. Das Ehehindernis ist eben, im Einklang mit dem Gesagten, an den Bestand der Ehe geknüpft; besteht nun die Ehe von der einen Seite, so muß sie auch von der andern bestehen; ein Gatte ohne Gattin, oder umgekehrt, ist nicht denkbar. Die einzige Möglichkeit, dem protestantischen Teil eine neue Heirat zu erlauben, wäre also nur die, daß der Staat sich für beide Teile auf den Standpunkt der Lösbarkeit stellte. Wollte er aber dann, wenigstens in Ansehung des katholischen Teils, dem Kirchenrecht praktisch nahe bleiben, so bliebe ihm nichts übrig, als für diesen ein Ehehindernis aufzustellen, das sich nicht an den Bestand der Ehe, sondern an die Thatsache des sich Verheiratethabens knüpfte, und weiterhin zu erklären, daß der Tod dessen, mit dem die Person sich verheiratet habe, das Hindernis erlöschen lasse. Das würde dann in der That zu etwas Analogem führen, wie das, was Krasnopolski in Bezug auf das Ehehindernis von § 63 uns glauben machen will.

Jeder bemerkt das Gesucht-gekünstelte solcher Bestimmungen, die sich nur etwa durch folgende Erwägung rechtfertigen ließen: Niemand kann wollen, was nach seiner Überzeugung schlechterdings unmöglich ist, und wenn diese Überzeugung sogar eine irrige sein sollte. Der Katholik als solcher ist nun ausgesprochenermaßen der Überzeugung, daß er, nachdem er mit einer Person sich vermählt hat, zu deren Lebzeiten mit einer andern eine Ehe nicht schließen könne. Also kann er auch den Willen dazu nicht wahrhaft haben, und ohne diesen kann es dann natürlich in der That zu einer Ehe nicht kommen.

Daß eine solche Motivierung dem Geiste der österreichischen Gesetzgebung fremd wäre, ist mehrfach ersichtlich. (Man beachte z. B. die Fälle, auf welche ich in Meinen letzten Wünschen f. Österr. S. 72—74 hingewiesen habe.) Daher wäre es meines Erachtens auch nichts als Inkonsequenz, wenn man in dem in § 116 a. b. G.B. gesetzten Falle nach der auf Verlangen des protestantischen Teils ausgesprochenen Trennung nicht auch dem katholischen Teile staatlicherseits die Wiederverheiratung gestattete. Daß er in den Augen des Staats noch verheiratet sei, kann ja nicht ohne Widerspruch angenommen werden.

Nichtchristen. Jener galt als Glied des mystischen Leibes Christi, dieser nicht. Nicht einmal der Friedhof sollte ihnen ein gemeinsames Bette werden.

Nun kann gewiß niemand behaupten, daß die einmal stattgehabte Weihehandlung oder Gelübdeablegung, in jener von Krasnopolski verlangten[133]) Abstraktion von der Standesdifferenz, zu der sie führt[134]), betrachtet als etwas Wichtiges angesehen werden könne. Längst ist sie der Vergangenheit verfallen, und, wie es auch in der Natur keine unmittelbare Fernwirkung giebt, käme sie, wenn jene ernsten Folgen nicht beständen und vermittelten, beim Aufstellen eines Ehehindernisses schon für die Kirche nicht in Betracht. Und nun sollte der Staat nicht bloß so unvernünftig sein, überhaupt ein Ehehindernis, sondern sogar ein indispensabeles daran zu knüpfen!!

Die Zusammenstellung mit Bigamie und Unchristentum, welche die Verfasser des Gesetzbuchs selbst vornehmen[135]), illustriert in der That mit jeder nur wünschenswerten Klarheit. Das Hindernis der Bigamie knüpft sich an den Ehestand; es entfällt, wenn die Ehe gelöst ist. Das Hindernis des Unchristentums knüpft sich an die Standesdifferenz zwischen Christ und Nichtchrist und entfällt durch den Eintritt oder entfiele, wäre er möglich, mit dem Austritt aus

---

[133]) S. oben S. 52.

[134]) Stand der Geistlichen höherer Weihe oder Stand der Vollkommenheit, „status perfectionis", wie Thomas von Aquin den Stand des Religiosen mit feierlichen Gelübden nennt.

[135]) Krasnopolski selbst (a. a. O. S. 6) macht in seltsamer Verblendung darauf aufmerksam.

dem Christentum und umgekehrt. Das Hindernis der Weihe (beziehungsweise des Gelübdes), wenn es ähnlich wichtig und indispensabel gedacht wird, muß sich also wohl auch an einen Stand knüpfen; und, wir zeigten es, es knüpft sich in Staat wie Kirche thatsächlich an einen solchen und entfällt möglicherweise mit dem möglichen Austritt aus dem betreffenden Stand und, insofern derselbe in dem wirklichen Austritt aus der Kirche evidentermaßen involviert ist, wirklich mit dem Austritt aus dieser.

Das also ist hier das Ergebnis.

Auf dieses und die ganze dreifache Erörterung zurückblickend, wird der aufmerksame Leser nun wohl zuversichtlich einstimmen, wenn ich, meine These gegen Krasnopolski wiederholend, nochmals sage:

Wenn Krasnopolski verlangt, daß man sich zu seiner Auslegung von § 63 a. b. G.B. bekenne, so fordert er, daß etwas, was sowohl dem klaren Wortlaut des Gesetzes, als dem Geist der Gesetzgebung widerspricht, in Rücksicht auf eine Vorgeschichte und Protokolle, in denen schlechterdings nichts zu finden ist, was eine entsprechende Absicht der Verfasser der Gesetze verriete, wohl aber nicht weniges, was gegen eine solche geltend gemacht werden kann, als richtige Interpretation des Gesetzes angenommen werde.

Hiermit wäre, soweit es Krasnopolski's Erklärungsversuch von § 63 a. b. G.B. anlangt, unsere Aufgabe erledigt. Eine Auslegung, welche die Rücksicht auf Geist wie Buchstaben gleichmäßig verdammt, ist unabänderlich gerichtet. Auch dürfte Krasnopolski nicht zum zweitenmal[136]) die Behauptung sich erlauben, daß ich nicht sowohl gegen ihn als gegen die Protokolle und deren Benützung geschrieben habe.

---

Aber Krasnopolski hat es für gut befunden, auch einiges in meinen letzten Wünschen für Österreich zu bemängeln und sich sogar der Rittner'schen Ansicht, die er doch seinem Standpunkt entsprechend selbst unhaltbar finden muß, wenigstens insofern anzunehmen, als sie nicht durch meine Argumente eine wahre Widerlegung gefunden habe. Da es mir, wie gesagt, wenig auf die Widerlegung von Krasnopolski's Auffassung, gar sehr aber auf den klaren und unzweifelhaften Nachweis der Richtigkeit der meinigen ankömmt, so muß ich auch auf diesen Teil seiner Ausführungen eingehen.

Wenn freilich die Verteidigung der eignen Ansicht bei Krasnopolski so überaus mangelhaft erschien, so darf es uns nicht eben wundern, daß er auch bei der Kritik dessen, was ich gegen Rittner sage, den wesentlichsten Anforderungen nicht gerecht wird.

Mein Hauptargument gegen Rittner greift er eigentlich gar nicht an, obwohl er sich herausnimmt, auch von ihm wie von etwas Verfehltem zu sprechen, sondern wendet

---

[136]) Vgl. oben S. 25.

sich nur gegen die sehr drastischen Illustrationen, die ich in meinem zweiten Artikel der Neuen Freien Presse (Buchausgabe der Letzten Wünsche S. 23 f.) und in meiner ersten Replik auf einen Angriff des „Vaterland" (ebend. S. 56 f.) gegeben habe.

In Wahrheit ist auch der Paralogismus des Rittner'schen Arguments in den Letzten Wünschen (S. 21—26, S. 57, S. 73, S. 75 f.) so ins Klare gesetzt, daß ich nichts mehr hinzuzufügen habe, und gewiß ist es vollkommen treffend, wenn ich (ebend. S. 68) bemerke, daß man nur die Wahl zwischen einem Zweifachen habe. Entweder man nimmt in den Begriff des Geistlichen höherer Weihen den unauslöschlichen Charakter der Weihen auf: dann giebt es für den österreichischen Staat seit 1868 überhaupt keinen Geistlichen höherer Weihen, und § 63 verliert alle Bedeutung; oder man nimmt ihn nicht darein auf: dann ist nicht die geringste Möglichkeit vorhanden, den § 63 auf den aus der Kirche und vielleicht sogar aus dem Christentum ausgetretenen Geistlichen höherer Weihen anzuwenden. Der letztere Standpunkt ist meines Erachtens der richtige und allein in Einklang mit der Behandlung, die der Taufcharakter erfährt; müßte man ja sonst auch behaupten, daß es vor dem österreichischen Staat infolge der interkonfessionellen Gesetze heutzutage keinen Christen gebe.

Den Standpunkt aber, daß unter den Geistlichen höherer Weihen, von welchen § 63 a. b. G. B. handelt, Leute zu denken seien, die nicht der Staat, aber die Kirche im Gegensatz zu ihm dem Begriff subsumiere, halte ich für den verkehrtesten von allen. Er verträgt sich nicht (was auch Krasnopolski erkennt) mit der absoluten (nicht bloß beziehungsweisen) Normierung des Hindernisses und der augenscheinlich beabsichtigten vollen Selbständigkeit des a. b. Gesetzbuchs, und er widerspricht der Analogie mit der Behandlung des Begriffes „Christ" in dem sogleich folgenden § 64 aufs eklatanteste, was ich schon a. a. O. S. 67 ausgeführt habe. Er erscheint in Wahrheit als ein Attentat auf den Geist der ganzen Gesetzgebung, den man, indem man die Anwendbarkeit ihrer Termini nicht nach den ihr eignen, sondern nach ihr fremden Grundsätzen bemißt, mit Einführung dieser fremden Grundsätze sichtlich austreibt, um den fremden statt seiner walten zu lassen. Diejenigen, welche dem Begriff „Geistliche" den Begriff „Personen, welche die Kirche, aber nicht wir für Geistliche halten", substituieren, fälschen geradezu den Terminus; und von solchem Vorwurf ist Rittner nicht frei zu sprechen.

Klar in sich selbst, bedurfte der Gedanke weiterer Illustrationen eigentlich nicht. Doch ich habe sie gegeben, und Krasnopolski greift sie an. Sehen wir also, mit welchem Erfolge!

Krasnopolski sagt, meine Beispiele verdunkelten den Thatbestand, weil sie zu dem von mir so betonten Wortlaute des § 63 nicht paßten (a. a. O. S. 15). „Hätte Brentano in dem S. 23 fingierten Beispiele statt „Christen" gesagt „Getaufte" oder „welche die Taufe empfangen haben", so wäre nicht die von ihm angegriffene, sondern seine eigne Argumentation widerlegt."

Verdeutlichen wir uns den Gedanken!

Ich hatte daran erinnert, wie einst Karl der Große alle Christen auch staatlich zum kirchlichen Fastengebot verpflichtet hat, und darauf hingewiesen, wie nach dem Urteil jedes Vernünftigen mit dem legal erfolgten Rücktritt zum Heidentum ein solches staatliches Gebot für die betreffende Person erloschen sein würde. Krasnopolski[137]) meint, wenn ich hier dem Ausdruck „Christen" den Ausdruck „welche die Taufe empfangen haben" substituiert hätte, so würde, bei dem großen Wert, den ich auf den Wortlaut lege, das Gegenteil sich ergeben haben, und doch wäre man dann zu einer dem gesunden Menschenverstand gleich sehr widersprechenden Folgerung gelangt. Hiermit soll dann meine reductio ad absurdum widerlegt sein.

Doch Krasnopolski hat es mit dem Widerlegen hier etwas leichter als ich selbst in den gegen ihn gewendeten Erörterungen genommen.

Ich antworte 1.: Wenn das Gesetz gelautet hätte: „Alle Personen, welche die Taufe empfangen haben, sind zum kirchlichen Fastengebot verpflichtet", so bestände noch immer die Möglichkeit, den Ausdruck nicht als Beziehung auf das Vorkommnis der Taufe, sondern auf den Stand, in den man durch die Taufe getreten, und welcher der Stand des Christentums ist, zu beziehen (vgl. oben S. 36), und der Sinn des Satzes und das ganze Argument blieben dann dieselben wie früher.

Ich antworte 2.: Sehen wir von dieser Möglichkeit ab, so müßte man das ursprüngliche Gesetz ein durchaus

---

137) a. a. O. S. 15.

schlechtgefaßtes nennen, indem es mit Rücksicht auf ein Ereignis, welches der Vergangenheit verfallen und als solches höchst unbedeutend ist, und nicht vielmehr mit Rücksicht auf eine fortbestehende wichtige Eigentümlichkeit des Handelnden dessen Thun und Lassen regeln wollte. Daher müßte sich in solchem Fall vor allem die Reform des Gesetzes selbst empfehlen, insbesondere von dem Moment an, in welchem der erlaubte Rücktritt zum Heidentum die Verkehrtheit des Gesetzes sofort deutlich hervortreten ließe[138].

Doch hier wird Krasnopolski sagen: Das ist ja eben, was ich bei § 63 a. b. G. B. behaupte. De lege ferenda sollte die Sache so eingerichtet werden, daß die aus der Kirche ausgetretenen Personen, „welche höhere Weihen empfangen haben", nicht inbegriffen sind. Aber wir handeln de lege lata[139].

Ich antworte: So ist es. Doch 1. sind wir auch nicht der Notwendigkeit verfallen, die Worte „welche höhere Weihen empfangen haben" als bloße Beziehung auf ein Ereignis zu nehmen. Und 2. ist im § 63 das Subjekt des Satzes nicht „Personen, welche höhere Weihen empfangen haben", sondern „Geistliche, welche höhere Weihen empfangen haben". Das ist, wie wenn es in dem von Krasnopolski fingierten Falle nicht „Personen, welche die Taufe empfangen haben", sondern „Christen, welche die Taufe empfangen haben" hieße, und dann wäre ja auch dort alles in wünschenswerter Klarheit gegeben.

---

[138]) Vgl. die obigen Ausführungen mit Bezug auf Indispensabilität.

[139]) Vgl. a. a. O. S. 13.

Dies genügt. Wir sehen, auch den Illustrationen weiß Krasnopolski nicht wahrhaft etwas anzuhaben.

Wie meine Illustrationen, sollen aber auch meine Analogieen nichts wert sein. Doch auch hier zeigt Krasnopolski wohl, daß er behaupten, nicht aber, daß er das Behauptete beweisen kann.

Bei einigen meiner Analogien wird der Nachweis nicht einmal versucht. So bei der eben erwähnten und ungleich wichtigsten, wo ich unser Ehehindernis (§ 63) mit dem der Religionsverschiedenheit (§ 64) in Vergleich bringe (Letzte Wünsche S. 67, S. 69); ferner bei dem Hinweis auf die Subsumtion von kirchlich ungültigen Ehen unter ein dem Kirchenrecht entlehntes bürgerliches Gesetz so wie auf den Ausschluß von solchen, die kirchlich gültig sind (ebend. S. 72—74); und wieder bei der Parallele mit der Unfähigkeit, eine lösbare christliche Ehe zu schließen, die dem Katholiken bis zum Übertritt zu einer andern christlichen Religionsgenossenschaft anhaftet, um mit diesem zu endigen (ebend. S. 75 f.). Dagegen bekämpft Krasnopolski die Analogie mit dem Aufhören der Eigentumsunfähigkeit dessen, der Ordensgelübde auf sich hat, bei seinem Austritt aus der Kirche.

Wenn diese Analogie wirklich fiele, der Verlust würde, wo die andern Analogieen und die ganze Fülle früher betrachteter Beweismomente bleiben, sich gar nicht fühlbar machen können. Und da ich die meisten Leser, durch die langwierige Untersuchung ermüdet, nicht wohl geneigt denken kann, bei Überflüssigem zu verweilen, so verzögere ich um dieser Frage willen den Gang der Betrachtungen nicht und erledige sie nur in einer Note [140]).

---

[140]) Krasnopolski bewährt hier wieder einmal glänzend sein uns schon bekanntes Talent, mißzuverstehen, was sehr schwer mißzuverstehen ist, und das Wesentliche in einem Staub von Unbedeutendem sich verlieren zu lassen.

Mein Argument (Letzte Wünsche, S. 79 Anm., Noch e. Wort ü. d. Eheh. S. 10 f. Beil. S. 156) war seinem Wesen nach dieses: Nach österreichischem Recht ist die Ordensperson, welche das solenne Gelübde der Keuschheit abgelegt hat, eheunfähig; die Eheunfähigkeit ist mit unzweideutigen Worten an den Stand geknüpft, natürlich aber durch das Ereignis der Gelübdeablegung entstanden. Ebenso ist (abgesehen von gewissen, durch besondere Dekrete ausdrücklich festgestellten Ausnahmsfällen) nach österreichischem Recht die Ordensperson, welche das solenne Gelübde der Armut abgelegt hat, erwerbsunfähig; die Erwerbsunfähigkeit ist auch hier unzweifelhaft an den Stand geknüpft (vgl. das Resumé einer Reihe von Hofdekreten ad § 356 a. b. G. B.), natürlich aber ebenfalls durch das Ereignis der Gelübdeablegung entstanden.

Es fragt sich nun, ob das österreichische Recht den Unterschied zwischen dem im Gesetzbuch ausgesprochenen Fall der Eheunfähigkeit und dem, welcher gegeben wäre, wenn das Gesetz die Unfähigkeit an die bloße Thatsache der Gelübdeablegung knüpfte, nicht vielleicht zu subtil findet, um ihm Rechnung zu tragen.

Ich antworte: Nein; deutlicher Beweis, es trägt ihm Rechnung bezüglich des Gelübdes der Armut, das zur Erwerbsunfähigkeit führt. Der Unterschied ist in dem einen Falle nicht subtiler als in dem andern; also kann man unmöglich annehmen, daß es ihn in unserem Falle vernachlässige, und nicht viel mehr das Aufhören der Eheunfähigkeit ebenso wie das Aufhören der Erwerbsunfähigkeit als notwendige Folge des Austritts aus der Kirche gelten lasse.

Man vergleiche nun damit, was Krasnopolski a. a. O. S. 28 ff., S. 34 f. gegen meine Parallele vorbringt. Es sei, sagt er, freilich richtig und unzweifelhaft, „daß das feierliche Ordensgelübde der Armut die Unfähigkeit zum Erwerb von Eigentum nach sich“ ziehe; aber es sei nicht richtig, daß „ein dies aussprechender Rechtssatz“ in der von mir angewandten, dem Wortlaut von § 63 angepaßten „Fassung“ existiere. — Wie seltsam! Bedarf es für mich mehr, als daß das richtig sei, was ich sage, wofür die oben angezogene Stelle des

Dagegen muß ich ihn wohl noch einige Augenblicke da aufhalten, wo Krasnopolski zeigen will, daß ich das Zeugnis der vornehmsten juridischen Autoritäten mit Unrecht für mich in Anspruch nehme.

---

Resumés der Hofdekrete ad § 356 a. b. G. B. und auch das Erlöschen des Hindernisses mit Austritt aus der Kirche zeugen? — Und weiter meint er, wenn das Gesetz es direkt ausgesprochen hätte, hätte es vielleicht andere Worte gebraucht, und dann würde die Fassung, in der ich das Argument vortrage, wörtlich nicht so möglich sein. Auf die wörtliche Fassung aber komme mir alles an. — Aber er vergleiche die Fassung, die ich jetzt gegeben, und er wird sehen, daß ich eben nicht so wie er Hauptsache und Nebensache nicht zu unterscheiden weiß. Nein, an der wörtlichen Fassung, solange der Sinn derselbe bleibt, liegt mir so gut wie jedem, der kein Pedant ist, nicht das geringste. Giebt man dem Armutssatze die Fassung: „Personen, welche den Stand der Armut feierlich angelobt haben", im Anschluß an den Wortlaut von § 179 a. b. G. B., und also im Sinne des Standes der angelobten Armut, so mag ich mich so ausdrücken: Man sieht aus den Konsequenzen des Austritts aus der Kirche, daß das Gesetz zwischen dem Begriffe „Personen, welche den Stand der Armut angelobt haben", die Worte im Sinne der Standesbesonderheit genommen, und dem Begriffe „Personen, welche den Stand der Armut angelobt haben", die Worte in Beziehung zum bloßen Ereignis der Gelübdeablegung genommen, wohl zu unterscheiden weiß; und daß es also analog auch in Bezug auf die Ehefähigkeit zwischen dem Begriffe „Ordenspersonen, welche feierliche Gelübde der Ehelosigkeit abgelegt haben", der ja mit dem von „Personen, welche den Stand der Ehelosigkeit einer Ordensperson feierlich angelobt haben" (die Worte im Sinne des Standes gebraucht) sichtlich identisch ist, und dem Begriffe „Personen, welche das feierliche Gelübde der Ehelosigkeit einer Ordensperson abgelegt haben" (die Worte im Sinne der Beziehung zum bloßen Ereignis der Gelübdeablegung gebraucht), wohl zu unterscheiden wissen wird.

Die Wortkrämerei, die Krasnopolski hier bei mir finden wollte, ist zu abgeschmackt und war mir zu fernliegend, als daß es mir nur hätte in den Sinn kommen können, mich zum voraus gegen solche Zumutungen zu verwahren. (Vgl. im übrigen oben S. 26, Anm. 32 Nr. 9.)

Ich hatte mich auf Glaser und Unger, ich hatte mich auf Maassen berufen, und so Männer ersten Ranges ohne Unterschied des Parteistandpunktes für die Richtigkeit meiner Auffassung zeugen lassen. Krasnopolski will mir nur die Berufung auf Maassen als berechtigt zugestehen; doppelt bedeutsam freilich bei der bekannten eifrig katholischen Gesinnung des angesehenen Gelehrten, der hier in schönem Beispiele zeigt, wie, wo man zwischen Freunden zu wählen hat, die Wahrheit immer als die liebere Freundin gelten soll. Aber nach der Lage der Dinge, wie wir sie im Hinblick auf Wortlaut, Geist und Vorgeschichte des Gesetzes kennen gelernt, wäre es ja geradezu wundersam, wenn Männer wie Glaser und Unger, der eine als Justizminister in Rücksicht auf die lex ferenda zu genauer Prüfung auch der lex lata angetrieben, der andere dabei als inniger Freund und Kollege im Ministerium ihm zur Seite stehend, nicht auch die richtige Einsicht gewonnen hätten. Und wenn Krasnopolski in Bezug auf Unger zweifelt, ist dies um so auffallender, als Unger vor niemand mit dieser seiner Überzeugung zurückhält. Nicht bloß seine Überzeugung von der Richtigkeit der freiheitlicheren Auffassung, sondern auch, daß er dieselbe schon auf dem Katheder konstant vertreten, — was Krasnopolski noch besonders unwahrscheinlich finden will, — hatte ich, als ich es schrieb, durch den erfahren, der am besten darüber Aufschluß geben kann.

So hatte ich auch, da ich von Glaser sprach (ich habe es schon in den „Letzten Wünschen" mitgeteilt), unmittelbar an der Quelle selbst geschöpft; eine Trübung durch irgendwelchen ungenau vermittelnden Bericht war da völlig ausgeschlossen. In wiederholter Unterredung berührten wir das Thema, und Glaser legte mir nicht bloß seine Ansicht, sondern auch, was ihn dazu bestimme, rückhaltlos dar. Daß sie auch in seiner Rede vom 8. Februar 1874 in deutlicheren Spuren als die Ansicht, die Krasnopolski den Verfassern des Gesetzbuchs unterlegt, in den Protokollberichten sich kundgiebt, dürften folgende Stellen der Rede genugsam zeigen, die zu Krasnopolski's Behauptungen: „Glaser sprach nicht de lege lata", und: „daß, was Brentano andeutet, geltendes Recht in Österreich sei, hat Glaser mit keinem Wort auch nur angedeutet", seltsam kontrastieren.

„Ich kann mir denken," sagt Glaser, (d. h. offenbar, ich halte es für einen richtigen Gedanken), „daß man sich die Aufgabe stellt, den Gedanken durchzuführen, es solle niemand an die Satzungen einer Kirche gebunden sein, der er nicht mehr angehört; denn hier gehen die Wege des Staates und der Kirche allerdings auseinander. Keine Kirche verzichtet unbedingt auf denjenigen, der ihr einmal angehört hat, in gewissem Sinne nicht einmal auf denjenigen, der ihr nicht angehört [hat]; denn jede will erobern. Hier ist nun der Punkt, wo der Staat als Hüter des konfessionellen Friedens allerdings einen andern Standpunkt einzunehmen hat, und" (hört! hört!) „seine Gesetzgebung, wie sie bei uns gilt, läßt darüber keinen Zweifel. Für den Staat ist die Beziehung des Individuums zu seiner Religionsgenossenschaft lösbar, für den staatlichen Bereich ist sie mit allen Konsequenzen[141]) gelöst in dem Augenblicke, wo diejenigen Formalitäten erfüllt sind, welche das interkonfessionelle Gesetz dafür vorgezeichnet hat."

Daß, wenn die Ausdrücke „Geistliche, welche höhere Weihen empfangen haben", „Ordenspersonen, welche das feierliche Gelübde der Ehelosigkeit abgelegt haben" auf eine aus der Kirche geschiedene Person Anwendung fänden, dies nur in Konsequenz der frühern „Beziehung des Individuums" zur Kirche der Fall wäre, wer sollte das zu bezweifeln versuchen[142])?

Doch, wie schon gesagt, was etwa Glasers Rede bezüglich der lex lata noch im Dunkeln gelassen, darüber kann jeder überlebende wissenschaftliche Freund Glasers Aufklärung geben, und Krasnopolski muß wirklich nicht bloß von meiner Wahrhaftigkeit, sondern auch von meiner Besonnenheit eine gar geringe Meinung haben,

---

[141]) Daß eine von Katholiken eingegangene Ehe, auch wenn die beiden Eheleute zum Protestantismus übergetreten sind, dem katholischen Kirchenrecht entsprechend, auch in den Augen des Staats dem Bande nach untrennbar bleibt, scheint dem, was Glaser hier sagt, zu widersprechen. Man vergleiche die Motivierung dieses Fortbestandes in der II. Beilage zu meinen letzten Wünschen f. Österreich S. 76 ff. Daß es die Rücksicht auf die kirchliche Satzung nicht sei, welche diesen Fortbestand zur Folge habe, erkennt man deutlich daraus, daß, wenn katholische Brautleute schon vor der Heirat zum Protestantismus übergetreten waren, ihre Ehe in den Augen des Staates eine dem Bande nach trennbare ist, obwohl dieses nicht minder mit der kirchlichen Lehre im Widerspruche steht (vgl. ebd. S. 75).

[142]) Was in der Stelle der Parlamentsrede angedeutet ist, trat im Gespräche mit mir noch entschiedener hervor. Glaser war der Ansicht, daß insbesondere Art. V der interkonfessionellen Gesetze jeden Zweifel ausschließe. Vgl. dazu oben S. 83 f. Anm.

wenn er unter solchen Umständen an der Wahrheit meiner in der Neuen Freien Presse veröffentlichten Worte zu zweifeln wagt.

So nehme denn auch ich, was Krasnopolski über Randa's entgegengesetzte Meinung sagt, auf seine bestimmte Versicherung hin als vollerwiesen an.

Was aber sage ich denn nun zu diesem Widerspruche Randa's? — Sicher nicht, daß es nicht der Widerspruch einer Stimme sei, die ich ungleich lieber mit Maassen, Glaser, Unger im Einklang vernähme. Ich glaube aber, den ausgezeichneten Forscher nicht in seiner Ehre zu verletzen, wenn ich von ihm als Juristen nicht höher als Horaz von seinem Homer als Dichter denke. Wie spricht er begeistert von ihm! und doch finden wir auch die Worte: „quandoque bonus dormitat Homerus". Auch sehe ich nicht, was unvernünftiges darin liegen sollte, wenn ich, Krasnopolski's Vermutung[143]) entgegen, dem Worte Randa's in vermögensrechtlichen Fragen wirklich eine höhere Autorität als in eherechtlichen zuschreibe, da sein Werk über das Eigentumsrecht für die besondere Aufmerksamkeit, die er gerade den vermögensrechtlichen Fragen zugewandt, den großartigsten Beweis liefert. Bezüglich unserer Frage aber glaube ich in der That nicht, daß er, als er so sprach, sie so allseitig und in jeder Richtung so weithin, wie wir in der vorliegenden Studie, verfolgt hatte. Und so ändert denn der Umstand, daß Randa hier einmal mit manchem Geringeren irrte, meine hohe Meinung über ihn und sein

---

[143]) a. a. O. S. 30.

Werk in keiner Weise. Wenn er aber noch jetzt und nach alledem, was wir gefunden, sich bleibend der richtigen Auffassung verschlösse: dann allerdings würde ich versucht sein, mit ähnlichem Wort wie einst Fichte zu sagen, daß ich nun Randa's „Eigentumsrecht" eher für ein Werk des Zufalls, als eines juridischen Forschers ersten Ranges halten müsse.

Und hiermit sage ich Krasnopolski Lebewohl mit dem für einen ehrlichen Mann immer wohlthuenden Bewußtsein, daß ich ihm nichts schuldig geblieben bin.

Auch dem Anspruch, den die Sache macht, hoffe ich aber nunmehr vollständig genug gethan zu haben. Nach allen Richtungen haben wir geblickt: auf allen Seiten fanden wir neue Bestätigungen. Wenn überallher Argumente für uns zu entnehmen sind, woher sollte noch die Objektion kommen, die auch nur momentan die Ansicht der Gegner wahrscheinlich machte? Ein ehrlicher wissenschaftlicher Zweifel über das, was hier Rechtens sei, scheint demnach kaum mehr auftauchen zu können.

Daß ein Philosoph es war, der hier positive Rechtsbestimmungen in abschließender Weise klarzulegen unternahm, dürfte manchen Fachjuristen befremden; doch nur darum, weil sich die wenigsten schon von dem Vorurteile befreit haben, daß ein Philosoph anders als in der lockeren Art eines Schelling und Hegel argumentieren könne. In der That hat ja auch ihr schneidiger Gegner Schopenhauer da, wo er selbst zu bauen beginnt, keinen festen Boden unter sich und erlaubt sich die haltlosesten Konstruktionen. Aber die Philosophie hat begonnen, sich zu erneuern, und mit dem Geist ihrer alten, wahrhaft wissenschaftlichen Periode[144]) wird dann auch das alte Wort in Kraft erstehen, daß das Studium der Philosophie für die Forschung auf dem Rechtsgebiet als vorzüglichste Vorbereitung diene.

Es war im Jahre 1889, als ich im Interesse der Reform der juridischen Studien in Österreich auf die betreffenden Äußerungen von Leibniz hinwies[145]). Er selbst, der allumfassende, hat, wo er auf juridische Fragen eingeht, durch das eigne Beispiel sie bewährt, und es würde mich freuen, wenn auch dieser neue kleine juridische Beitrag eines Philosophen dem Urteil unseres größten deutschen Denkers einigermaßen zur Bewährung diente.

Übrigens habe ich geschrieben, nicht um meine Person als juridisch tüchtig, sondern um meine Sache als juridisch sicher zu erweisen. Erscheint aber diese Absicht im Ganzen der Arbeit als unleugbar erreicht, so bezweifle ich nicht, daß, wem die Sache am Herzen liegt, auch der Person die Nachsicht, deren sie im Einzelnen benötigen mag, gern gewähren werde.

Wenn es selbst dem unvollkommenen Juristen gelingen konnte, über die Argumente der Gegner zu triumphieren, so ist es gewiß nur um so mehr einleuchtend, daß ihnen eine wahre wissenschaftliche Kraft nicht innewohnt.

---

[144]) Vgl. Franz Brentano, Die vier Phasen der Philosophie und ihr augenblicklicher Stand. Stuttgart 1895.

[145]) Vom Ursprung sittlicher Erkenntnis. Leipzig 1889. S. 3 f.

# Anhang.

## Gegen „Protokolljurisprudenz"[1]).

Ich habe in meiner früheren Kritik Krasnopolski's mich gegen die „Protokolljurisprudenz" erklärt[2]) und habe es mit voller Überzeugung gethan, obwohl ich die vornehmsten Förderer protokollarischer Studien in Österreich persönlich und wissenschaftlich hochstelle[3]). Eine Rücksicht auf unsere eherechtliche Frage — das zeigte schon, als ich es that, der Zusammenhang aufs deutlichste — war mir dabei in keiner Weise bestimmend. Und jetzt erscheint ein solcher Gedanke um so mehr ausgeschlossen, als ich, bis ins Einzelste gehend, dargethan habe, wie die Protokolle nicht das geringste meiner Auffassung Ungünstige, wohl aber, und reichlich, das Gegenteil enthalten.

Doch darf man mein Wort nicht so verstehen, als ob ich dem Studium der Protokolle allen Wert abspräche oder im besondern leugnete, daß sie durch Aufschlüsse über die

---

1) Vgl. oben S. 24 ff.

2) Noch e. Wort ü. d. Eheh. d. h. W. S. 9. (Beil. S. 154.)

3) Wie sich dies widerspruchsfrei vereinigen läßt, wird sofort klar werden.

Absicht der Verfasser der Gesetze bei der Gesetzesauslegung Dienste leisten könnten. Dagegen würde man meines Ermessens allerdings entschieden zu weit gehen, wenn man auf Grund einer einzig und allein aus Protokollen entnehmbaren Absicht der Verfasser des Gesetzes diesen einen Sinn unterlegte, der weder in dem Wortlaut des Satzes an und für sich, noch durch dessen Zusammenhang mit den übrigen Teilen der Gesetzgebung, durch irgendwelches Zeichen mit hinreichender Wahrscheinlichkeit sich verriete.

Und dies aus folgenden Gründen:

1. Vor allem frage ich, wohin würde es führen, wenn man entgegengesetzt entschiede? — Der Satz „ignorantia legis non excusat" müßte durch den Satz „ignorantia protocollorum non excusat" ergänzt werden. Dieser aber würde denn doch eine in empörender Weise maßlose Zumutung enthalten.

Man weiß, wie drückend in den Tagen ältester römischer Rechtsentwickelung dem einfachen Bürger die juristischen Geheimnisse sich fühlbar machten, und welchen Fortschritt die allgemeine Promulgation des römischen Rechts bedeutete[4]). Wem das Wohl des Volkes Zweck des Rechtes ist, der muß darum notwendig eine Ansicht verdammen, die an die Stelle eines promulgierten Gesetzes ein in vielleicht sehr wesentlichen Beziehungen nicht promulgiertes treten ließe.

2. Was ich eben gesagt, würde gelten, auch wenn die Verfasser des Gesetzbuchs selbst die Gesetzgeber, und darum,

---

[4]) Vgl. darüber Esmarch, Röm. Rechtsgesch. 3. Aufl., insbes. § 44 und § 45.

mit der Erkenntnis ihrer Absicht, die Absicht des Gesetzgebers ohne weiteres konstatiert wäre. Um so mehr muß es also Bedeutung haben, da dies offenbar nicht der Fall ist. Wenn § 6 a. b. G.B. den Interpreten auf die klare Absicht des Gesetzgebers verweist[5]), so ist darum auch aus diesem Grunde einleuchtend, daß dies in keiner Weise mit meiner Ansicht im Widerspruche steht. Der Gesetzgeber mag unter Umständen eine nur in den Protokollen bekundete Absicht der Verfasser des Gesetzbuchs nicht einmal gekannt haben. Er genehmigte aber das Gesetz, weil es, wie es war, auch seinen, ja vielleicht mehr seinen als (bei verfehlter Fassung) den Absichten der Verfasser des Gesetzes entsprach.

3. Wenn ein von den Verfassern beabsichtigter Sinn des Gesetzes thatsächlich in ihm, weder für sich genommen, noch im Zusammenhang mit der gesamten Gesetzgebung betrachtet, zu irgend verständlichem Ausdruck kömmt, so ist dies gewiß ein Fall, wo sich die Schwäche der Verfasser des Gesetzes in einem Fehlprodukt offenbart. Gerade in solchem Falle aber und infolge solcher Schwäche würde, wenn man ihre bloße Absicht maßgebend und legislativ bindend machte, ihnen die größere Machtfülle zufallen, da sie für ihn nicht bloß als Gesetzverfasser, sondern auch als Gesetzgeber erschienen. Wer sieht nicht, wie ungereimt auch dies genannt werden müßte?

4. Kann das, was der Wortlaut des Gesetzes, in entsprechendem Zusammenhang betrachtet, unverkennbar oder

---

[5]) Was Krasnoposki gegen mich geltend machen will (a. a. O. S. 20).

mit mächtig überwiegender Wahrscheinlichkeit besagt, dem von den Verfassern beabsichtigten Sinn entgegen sein, so wird dasselbe eben so leicht, ja in manchem Betracht noch ungleich leichter vom Wortlaut protokollarischer Niederschrift gelten. Und hiermit stimmt die Bemerkung, welche ich (a. a. O. S. 7, Beil. S. 154) im Hinblick auf einen auffallenden Fehler der Protokollberichte gemacht, indem ich zur Vorsicht bei der Benützung derselben mahnte.

5. Es ist ein allgemein anerkannter Grundsatz, daß der einzelne Gesetzesparagraph mit Rücksicht auf den Geist der gesamten Gesetzgebung, welcher er eingegliedert erscheint, zu interpretieren ist. Dieser aber kann im Laufe der Zeit beträchtliche Umbildungen, sei es durch stetige Fortentwickelung, sei es durch plötzlich auftretende Reformation erfahren, wobei die gesetzgebende Gewalt gewisse Paragraphen ausscheidet und durch neue ersetzt und gewisse andere vielleicht nur dem Buchstaben nach fortbestehen läßt, indem ihr Wortlaut ungezwungen im Einklang mit dem neuen Geiste gedeutet zu werden fähig ist. Würde man hier auf eine Absicht der ursprünglichen Verfasser zurückgreifen, die weder in dem Gesetzesparagraphen selbst, noch in den mit ihm aus der frühern Periode erhaltenen Bestimmungen zu Tage tritt, aber in den Protokollen sich kundgiebt, so würde man das Gesetz in einer Weise auslegen, die, wie dem Geist der Gesetzgebung, so auch der Absicht der letzten und aktuell maßgebenden Gesetzgeber geradezu widerspräche.

Also: ich bleibe dabei[6]), „die voluntas legis, nicht

---

[6]) Vgl. a. a. O. S. 5 (Beil. S. 147) und dagegen Krasnopolski a. a. O. S. 20.

die voluntas legislatoris", und noch weniger die voluntas jurisconsultorum, wie deutlich auch diese in Protokollen sich kund zu geben scheint, darf und soll maßgebend werden. Auch glaube ich mich hier mit jedem philosophisch gebildeten Juristen einig.

Was Krasnopolski anlangt, so verrät er in Bezug auf den von mir ausgesprochenen Grundsatz eine auffallende Unsicherheit; er thut, als wenn er weder wüßte, ob er das Prinzip gelten lassen solle, noch, was er dabei zu denken habe[7]). Dies machte mich neugierig, seine Ansichten über Methode der Gesetzesauslegung etwas vollständiger kennen zu lernen, und ich ließ mir darum ein Kollegienheft nach seinen Vorlesungen über österreichisches Civilrecht kommen, um mich aus diesen näher darüber zu unterrichten. Da fand ich denn, obwohl manches, wie z. B. das bekannte Prinzip „favorabilia sunt amplianda, odiosa sunt restringenda" zu meinem Bedauern gänzlich fehlte[8]), was die hier berührte Frage anlangt, mehr Befriedigendes, als ich zu erwarten berechtigt war.

Von der Bedeutung der Protokolle für die Gesetzesinterpretation handelnd, sagt Krasnopolski, nachdem er ihnen hohe Wichtigkeit zugesprochen: „Keineswegs haben sie aber die Bedeutung, daß das Gesetz in dem Sinn, den die Verfasser ihnen beigelegt, genommen werden muß. Mit andern Worten: der Sinn,

---

[7]) Ebend.

[8]) Vgl. auch, was wir oben S. 75 Anm. 86, über den allzu engherzigen Sinn, der aus seinen Äußerungen über Gesetzesauslegung (a. a. O. S. 13) spricht, mißbilligend bemerkten.

den die Verfasser einem Gesetze beigelegt haben, hat nicht die Bedeutung einer authentischen Interpretation. Namentlich darf aus ihnen in das Gesetz nichts hineingetragen werden, was in demselben schlechterdings nicht zum Ausdrucke gelangt ist, oder sogar damit im Widerspruche stehen würde."

Wiederum erklärt er, um die Willkür „deklarativer Auslegung" auszuschließen: „Besagt das Gesetz seinem Wortsinn nach etwas ganz anderes, als der Gesetzgeber erklären wollte, so muß das Gesetz so, wie es lautet, genommen und angewandt werden."

Und abermals: „Eine ändernde Interpretation ist hinsichtlich des Inhalts des Gesetzes nicht zulässig."

So beugt denn auch Krasnopolski, ohne den Vorwurf der „Wort- und Buchstabenjurisprudenz"[9]) zu scheuen, sich ehrfurchtsvoll vor dem klaren Wortlaut des Gesetzes.

Es scheint, wir sind hier im Prinzip nicht eben sehr verschiedener Meinung, während wir bei dem Versuch der Anwendung so hart aneinander geraten sind. Wer mag da wohl der dem Prinzipe treuere gewesen sein? — Darüber überlasse ich getrost jedem Leser das Urteil.

[9]) a. a. O. S. 23.

# Noch ein Wort über das Ehehindernis der höheren Weihen und feierlichen Gelübde.

Von

**Franz Brentano.**

---

Neuer, wesentlich unveränderter Abdruck
der in der Manz'schen Verlags-Buchhandlung, Wien 1895,
erschienenen Abhandlung.

---

**Beilage zu S. 14, Anm. 5 ff.**

---

Prof. Dr. Krasnopolski in Prag hat kürzlich in Verings Archiv für Kirchenrecht[1]) einen Artikel veröffentlicht, der sich mit der Auslegung von § 63 des österreichischen allgemeinen bürgerlichen Gesetzbuches beschäftigt. Der Verfasser vertritt darin noch einmal die, wie ich schon zu hoffen wagte, endgültig entkräftete Meinung, daß Geistliche höherer Weihen (und ähnlich Ordensleute solenner Gelübde) auch nach ihrem Austritt aus Kirche und Christentum unfähig blieben, eine staatlich gültige Ehe einzugehen.

Obwohl nirgends genannt, darf ich doch annehmen, daß der Aufsatz mit Rücksicht auf die Erörterungen in „Meine letzten Wünsche für Österreich"[2]) geschrieben sei, und so will ich denn auch nicht zögern, etwas zur Verteidigung der freiheitlichen Auffassung zu erwidern. Da mein geehrter Gegner deutlich durchblicken läßt, daß er, de lege ferenda handelnd, selbst für die Freiheit eingetreten wäre[3]),

---

[1]) Zur Auslegung des § 63 des österr. allg. bgl. Gesetzbuches (impedimentum ordinis). Von H. Krasnopolski. Archiv für Kirchenrecht, LXXXIII, S. 456—466.

[2]) Meine letzten Wünsche für Österreich. Von F. Brentano. Stuttgart, Cottasche Buchhandlung, 1895. — Die Broschüre enthält die betreffenden Artikel der „N. Fr. Pr." nebst Beilagen.

[3]) a. a. O. S. 466.

so hoffe ich, es werde ihm, als Juristen und Patrioten, nur erwünscht sein, wenn es mir gelingt, ihn zu überzeugen, daß ein nach seiner Meinung erst zu beseitigender Mißstand der Gesetzgebung schon heute behoben ist.

Seine Abhandlung zerfällt in zwei Teile. In dem ersten erläutert Krasnopolski den Sinn von § 63; in dem zweiten fragt er, ob die spätere Gesetzgebung einen derogierenden Einfluß darauf gehabt habe. Da ich dieses letztere nie behauptet habe, um daraus ein Argument für meine Auffassung zu gewinnen, so darf ich mich auf die Erörterung des ersten Teiles beschränken.

Was ist nun nach Krasnopolski der Sinn des § 63 a. b. G.B.? Nach seiner Ansicht sind die Worte „Geistliche, welche schon höhere Weihen empfangen haben" gleichbedeutend mit den Worten „Jedermann, der höhere Weihen empfangen hat", und ebenso die Worte „Ordenspersonen von beiden Geschlechtern, welche feierliche Gelübde abgelegt haben" gleichbedeutend mit den Worten „Jedermann, der feierliche Gelübde abgelegt hat".

Wenn man dies hört, möchte man glauben, daß Krasnopolski, ähnlich wie Laurin[4]) in seinen von mir bekämpften Ausführungen, dafür halte, daß ein Geistlicher höherer Weihen nach seinem legalen Austritte aus der Kirche, wie in den Augen der Kirche selbst, so auch in den Augen des Staates noch immer ein Geistlicher bleibe. Denn

[4]) Der Cölibat der Geistlichen. Wien 1880. S. 217. Vgl. M. letzten Wünsche f. Österreich. Beilage I, S. 68 Anm. 1.

dann allerdings würde auch staatlicherseits jedermann, der höhere Weihen empfangen hat, ausnahmslos als Geistlicher, der höhere Weihen empfangen hat, bezeichnet werden können. Aber Krasnopolski teilt diese Ansicht keineswegs[5]), und in beachtenswerter Weise betrachtet er darum den Standpunkt Laurins, Rittners und des obersten Gerichtshofes in der betreffenden Plenarentscheidung[6]) als völlig unhaltbar. Dagegen ist er so kühn, in schroffem Gegensatze zum Wortlaute des Gesetzes zu behaupten, daß dasselbe das Hindernis der höheren Weihen in keiner Weise an die Eigenschaft „Geistlicher", sondern einzig und allein an die Thatsache des Empfanges der Weihen geknüpft habe. Krasnopolski erlaubt sich also, das Wort „Geistlicher" schlechtweg zu eliminieren, und ähnlich dann in betreff des Wortes „Ordenspersonen" zu verfahren.

Das ist seltsam, und seltsam gewiß auch die Weise, wie er ein solches Verfahren rechtfertigen will. Krasnopolski behauptet nämlich von denen, welche dies als unstatthaft erachten, werde „der Empfang der höhern Weihen" gleichgestellt dem „Geistlicher werden", was unrichtig sei, da ja der Empfänger der höheren Weihen als Minorist bereits zum Klerus gehört habe. Und dieses allerdings ist unbestreitbar. Aber weder habe ich selbst, noch hat meines Wissens ein anderer jemals das Gegenteil behauptet, und es ist auch gar nicht abzusehen, wie eine solche Behauptung unserer Ansicht förderlich, oder die entgegengesetzte und

---

5) Vgl. a. a. O. S. 461.

6) Vom 7. April 1891.

richtige, daß der Empfänger höherer Weihen dadurch aus einem Geistlichen niederer Weihen zu einem Geistlichen höherer Weihen, zu einem Subdiakon, Diakon, Priester oder Bischof, erhoben werde, ihr nachteilig zu sein vermöge. Insoweit also ist die Ausführung Krasnopolski's mir völlig unverständlich.

Krasnopolski fügt dann noch bei, von uns werde „die Wirkung des Empfangs der höheren Weihen als sich erschöpfend im „Geistlicher werden", Würdenträger der Kirche sein" behandelt, während vielmehr „an diese Thatsache" das allgemeine bürgerliche Gesetzbuch „die besondere Rechtswirkung" knüpfe, „daß sie zur Eingehung der Ehe unfähig macht". „Diese, die einzige vom bürgerlichen Gesetzbuche an diese Thatsache geknüpfte Rechtswirkung," fährt er fort, „kann daher dadurch, daß man aufhört, Geistlicher zu sein, nicht beseitigt werden."

Doch hier ist der Circulus vitiosus unverkennbar. Krasnopolski soll uns beweisen, daß er den Ausdruck „Geistlicher" aus dem Texte des Gesetzes zu eliminieren und diesem so eine erweiterte Bedeutung zu geben ein Recht habe; er aber behandelt ihn von Anfang an wie nicht vorhanden. Nein, wenn es nach Krasnopolski's richtiger Einsicht, im Gegensatze zu der Meinung Laurins und anderer, Personen giebt, welche höhere Weihen empfangen haben, aber keine Geistlichen sind, so ist es gewiß aller Logik zuwider, wenn er die Ausdrücke „Jedermann, der höhere Weihen empfangen hat" und „Geistliche, die höhere Weihen empfangen haben", für äquivalente Termini zu nehmen sich erlaubt. Es ist also vielmehr unleugbar:

Nach dem klaren Wortlaute des § 63 ist der bloß gewesene Geistliche höherer Weihen der gesetzlichen Bestimmung nicht subsumiert.

Doch Krasnopolski mag vielleicht noch für sich geltend machen, daß die Absicht der Gesetzgeber von 1811 weiter ging, und daß sie, wenn sie auch nur von wirklichen Geistlichen höherer Weihen sprechen, doch auch die gewesenen Geistlichen höherer Weihen einbegreifen wollten. In der That hat er, um dies wahrscheinlich zu machen, uns aus den Protokollen über die vorausgegangenen Verhandlungen eine Reihe von Mitteilungen gemacht.

Demgegenüber muß ich nun aber vor allem ganz allgemein bemerken, daß die Absicht der Gesetzgeber, soweit sie nicht wirklich in dem Gesetze zum Ausdrucke gebracht ist, keine gesetzlich bindende Kraft haben kann. Die voluntas legis, nicht die voluntas legislatoris, ist das, was maßgebend genannt werden muß. Selbst bei Entscheidungen, die der Papst ex cathedra erläßt, gilt bekanntlich dieser Grundsatz unbestritten.

Was aber im besondern unsern Fall anlangt, so erscheint es als eine gänzlich müßige Frage, ob man im Jahre 1811 nur die wirklichen Geistlichen höherer Weihen oder auch die gewesenen Geistlichen höherer Weihen habe einbegreifen wollen, da ja damals ein legaler Austritt aus Kirche und Christentum gar nicht möglich war. Die Frage, ob nur die wirklichen oder auch die aus Kirche und Christentum ausgetretenen Geistlichen einzubegreifen seien, konnte also den Verfassern des Gesetzbuches gar nicht in den Sinn kommen. Somit ist es für diesen Fall um so mehr einleuchtend, daß man, ohne nach etwaigen derartigen Absichten zu fragen, sich einfach an die vom Gesetze gegebene Bestimmung zu halten hat.

Und was hat denn Krasnopolski gethan, um die angeblich weitergehende Absicht der Verfasser des Gesetzbuches darzuthun? Er führt uns die Geschichte der Entstehung der diesbezüglichen Bestimmung vor und glaubt, daß aus ihr diese „Absicht“, ja er behauptet (S. 460), daß daraus diese „Ansicht der Verfasser des allgemeinen bürgerlichen Gesetzbuches hervorleuchte“. Er giebt uns Auszüge aus den Protokollen und sagt daraufhin, daß „nach wiederholten Äußerungen“, die darin enthalten, die Verfasser des allgemeinen bürgerlichen Gesetzbuches dieser Anschauung gewesen seien.

Ich hatte nun von der Vorgeschichte des Gesetzes (auch Laurin verweilt bei ihrer Darlegung) und von den Protokollen auch meinerseits bereits Kenntnis genommen, aber nicht im geringsten einen solchen Eindruck empfangen. Und auch heute wieder, bei erneuerter Betrachtung, finde ich, daß sie — wie sich ja unter den gegebenen Bedingungen erwarten läßt — keinerlei verläßlichen Anhaltspunkt für eine solche Meinung bieten. So vermag ich, da Krasnopolski es leider unterlassen hat, seinen Beweis präziser zu fassen, und die besondern Momente, auf welche er Gewicht legt, hervorzuheben, nicht einmal mit Sicherheit zu sagen, ob und wie etwa er dieses oder jenes Vorkommnis im einzelnen verwerten zu können glaubt. Doch, was er in Bezug auf Deutlichkeit hier vermissen läßt, werde ich durch sorgfältige Erörterung jedes nur irgend in Betracht kommenden Umstandes zu ersetzen suchen.

1. S. 456 sagt Krasnopolski bezüglich des Josefinischen Ehepatents von 1783 und des bürgerlichen Gesetzbuches von 1786 im Anschlusse an v. Zeillers ausdrücklichste Erklärung: „Die Unfähigkeit zur Ehe" erscheint [hier], soweit das impedimentum ordinis in Frage kommt, mit dem Stande der Geistlichkeit verbunden, als Folge des „geistlichen Standes". — Ich bemerke (obwohl es schier überflüssig ist), daß Krasnopolski sich hier ungenau ausdrückt. Denn da, wie er selbst zugleich bemerkt, damals der betreffende Satz des Kirchenrechts rezipiert war, so war das Hindernis nicht an den „geistlichen Stand", sondern an den „Stand der Geistlichen höherer Weihen" [7]) geknüpft. — Dagegen enthalte, führt Krasnopolski weiter aus, bereits das im Jahre 1797 in Galizien eingeführte bürgerliche Gesetzbuch die folgende Bestimmung: „Geistliche, welche schon höhere Weihen empfangen, und Ordenspersonen von beiden Geschlechtern,

---

[7]) Wie innerhalb des Adelsstandes ein Ritterstand, Freiherrnstand, Grafenstand u. s. f., so ist natürlich innerhalb des geistlichen Standes ein Stand des Tonsuristen, Exorcisten, Priesters u. s. w. zu unterscheiden. Und, wie dort gewisse Adelsstufen als „höherer Adel", so geschieht es, daß hier gewisse Weihestufen als „höhere Weihen" zusammengefaßt werden. Das Subdiakonat ist die erste, die zu ihnen gerechnet wird. Mit dem Empfang des Subdiakonats tritt daher der Kleriker, der nur dem geistlichen Stand schlechthin angehört hatte, in den Stand der Geistlichen höherer Weihen.

welche feierliche Gelübde der Ehelosigkeit abgelegt haben, können keine gültigen Eheverträge schließen." Diese Änderung, welche, wie man sieht, zu einer mit dem heute im allgemeinen bürgerlichen Gesetzbuche enthaltenen § 63 identischen Bestimmung führte, meint Krasnopolski, habe eine große Bedeutung und Tragweite. Als eine Folge wird S. 460 die Loslösung des bürgerlichen Gesetzes von dem kirchlichen bezeichnet; und hierin werde ich Krasnopolski, der ja gewiß nicht leugnen will, daß nach wie vor (alle Verhandlungen machen dies augenscheinlich) die Rücksicht auf kirchliche Interessen maßgebend war, keineswegs widersprechen. Aber nicht dieser Unterschied ist es, worauf es uns ankommt, vielmehr handelt es sich darum, ob das Gesetz nun einen in der Art andern Sinn erhalten habe, daß das Ehehindernis nicht mehr an den Stand der Geistlichen höherer Weihen geknüpft erscheine. Nun ist es aber unleugbar, daß der Wortlaut in dieser Beziehung noch ganz dasselbe wie früher zu bezeichnen geeignet ist. Und somit hätte man, wenn man wirklich eine solche Sinnesänderung intendierte, gar nicht ungeschickter und unverständlicher sich ausdrücken können. Es liegt also hier gewiß nichts vor, was als Argument für, wohl aber etwas, was als gewichtiges Argument gegen Krasnoposki's Auffassung angezogen werden kann.

2. Doch etwas anderes ist es, was Krasnopolski, durch einen gewissen falschen Schein, verführt haben dürfte. In einer Sitzung vom 8. März 1802 teilte, wie die Protokolle

berichten, v. Zeiller die Äußerungen der zwei Pfarrer der Wiener griechisch unierten und nicht unierten Gemeinde mit. Beide sollten erklärt haben: „daß die Priester ihres Ritus sich zwar gültig verehelichen können, aber, sowie sie sich verehelichen, aufhören, Priester zu sein". Und daraus soll dann v. Zeiller gefolgert haben, „daß die Ehen bei ihnen zwar mit dem geistlichen Stande unvereinbar, aber keineswegs ungültig seien".

Wer einigermaßen mit den Dogmen der Kirche vertraut ist, der erkennt sofort, daß hier das Protokoll entweder geradezu Falsches und Unmögliches referiert, oder, vielleicht der Kürze halber, einer ganz ungewöhnlichen Ausdrucksweise sich bedient hat. Es ist nämlich bekanntermaßen nicht denkbar, daß die Kirche für ihre griechischen und lateinischen Angehörigen verschiedene Dogmen aufstellt, also auch unzweifelhaft, daß dem griechisch unierten Pfarrer, gerade so wie dem lateinischen, der priesterliche Charakter als character indelebilis gelten muß. Die beiden Pfarrer können also nicht gesagt haben, der Priester, wenn er sich vereheliche, höre auf, Priester zu sein, sondern nur, er höre auf, als Priester zu fungieren, also z. B. Messe zu lesen, Sakramente zu spenden, zu predigen u. dgl., es werde ihm das Recht dazu entzogen. Und diese Art von „Stellung" wäre es darum auch allein, die dann v. Zeiller (wenigstens nach dem kurzen Referate des Protokolls) als „geistlichen Stand" bezeichnet haben würde. Es ist also außer Zweifel, daß das Wort „geistlicher Stand", wenn wirklich von v. Zeiller angewandt, in seinem Munde hier nicht den Sinn hatte, in welchem es gewöhnlich und darum auch oben von uns und Krasnopolski selbst gebraucht worden ist. Indem ich nun vertraue, daß Krasnopolski, hierauf aufmerksam gemacht, dies sofort als richtig erkennen wird, darf ich wohl annehmen, daß ihm dann auch jede Versuchung schwinden werde, die betreffende Stelle des Protokolls noch irgendwie zu Gunsten seiner Meinung zu verwerten.

3. Aus der Sitzung vom 13. und aus der vom 16. November 1809 führt Krasnopolski Äußerungen des Staatsrats von Pfleger an. In der einen rekapituliert er den bisherigen Gang der Beratungen, berichtet über ein von ihm eingeholtes Gutachten des griechischen Metropoliten und beantragt daraufhin, es bei dem § 73 a. b. G.B. vom Jahre 1797 (welcher mit dem heutigen § 63 a. b. G.B. identisch ist) bewenden zu lassen, wodurch also die höheren Weihen sowohl in der gesamten katholischen Kirche als auch in der griechisch nicht unierten als ein trennendes Ehehindernis bestehen würden. In der andern sagt er ähnlich, „wie die höhere Weihe ohne Bedenken" [in der griechisch nicht unierten wie unierten Kirche] „für ein trennendes Ehehindernis durch das Gesetzbuch erklärt werden kann, ebenso könne das Band der Ehe auch zwischen den Eheleuten von der griechisch nicht unierten wie unierten Kirche nur für durch den Tod trennbar erklärt werden".

Den Umstand, daß v. Pfleger hier kurzweg sagt „die höhere Weihe", scheint Krasnopolski so zu deuten, als wolle er zu erkennen geben, die Thatsache des Empfanges der Weihe, gleichviel ob der Geweihte Geistlicher und Christ bleibe oder nicht, sei das, woran das Hindernis sich knüpfe.

Aber ein solcher Gedanke lag v. Pfleger durchaus fern. Das, worauf es ihm ankam, war vielmehr nur, daran zu erinnern, daß nach den gefaßten Beschlüssen der Ritus und das Schisma keinen Unterschied machen sollten. So begreift es sich denn auch gar wohl, daß er den kürzesten Ausdruck wählte. Übrigens dürfte der Ausdruck „Weihe" hier nicht im Sinne von „Weiheakt", „Empfang der Weihe" (ordinatio), sondern im Sinne von „Weihestand", „Weihecharakter" (ordo) zu nehmen sein. Die übliche Bezeichnung des Hindernisses als „impedimentum ordinis"[8]), nicht „ordinationis", macht dies ganz überwiegend wahrscheinlich; und der Umstand, daß er dann trotz aller Kürze in der That die vollkommen entsprechende Bezeichnung für den Inhalt der gesetzlichen Bestimmung ist, wird doch gewiß auch kein Grund sein, die entgegengesetzte Deutung zu bevorzugen. Von diesem höheren „Weihecharakter", der zum Subdiakon, Diakon, Presbyter, Bischof macht, wie von dem „Taufcharakter", der zum Christen macht, habe ich nun aber (vgl. N. Fr. Pr. 18. Dez. 1894, Abendblatt, Meine letzten Wünsche f. Ö. [Buchausgabe] S. 66 ff.) nachgewiesen, und giebt auch Krasnopolski zu, daß er nach legal vollzogenem Austritt aus der Kirche in den Augen des Staates als erloschen gelten muß.

---

[8]) Auch Krasnopolski wendet im Laufe der Abhandlung, ja in der Aufschrift selbst, den Ausdruck an und giebt dadurch unbewußt gegen sich selber Zeugnis. Wie befremdlich würde es aber auch den Leser berührt haben, von einem „impedimentum ordinationis" sprechen zu hören!

Ich habe es mich nicht verdrießen lassen, diesen Punkt in eingehendster Weise zu erörtern, und habe dieses Moment behandelt, als wenn jedes Wort der Protokolle mit höchster Zuversicht aufzunehmen wäre. Ich darf es aber nicht verschweigen, daß dieselben nach dem unter Nr. 2 Dargelegten mir weit davon entfernt scheinen, ein blindes Vertrauen zu verdienen. Man mag daraus ersehen, was für zweifelhafte Wege man wandelt, wenn man unvorsichtig die Mittel der in Österreich nur allzu beliebten Protokolljurisprudenz in Anwendung bringt.

Doch nun noch eines!

4. hebt Krasnopolski hervor, daß die Verfasser des allgemeinen bürgerlichen Gesetzbuches, wo sie des Ehehindernisses der höheren Weihen erwähnen, es stets als ein unauflösliches, als eines, das nicht behoben werden könne, anführen und es in dieser Beziehung mit dem des „Unchristentums" und der „Bigamie" zusammenstellen. (Pr. II, 505, 508, 512.) Liegt nicht vielleicht hierin etwas, was unserer Auffassung entgegen ist und die Ansicht Krasnopolski's, daß, im Gegensatze zum Wortlaute des Gesetzes, das Hindernis einfach an die Thatsache des Empfanges der Weihe geknüpft sei, begünstigt? — Keineswegs! Gerade die Zusammenstellung mit dem Ehehindernisse des Unchristentums muß dies für jeden deutlich ersichtlich machen. Das Hindernis des Unchristentums besteht für den Christen, solange er Christ ist. In der Zeit

von[9]) 1811, wo der Austritt aus dem Christentum unmöglich war, war also dies Hindernis schlechthin nicht zu beseitigen. Seitdem aber dieser Austritt sich legal vollziehen kann, gilt anerkanntermaßen das Gegenteil. Ganz dasselbe wird darum offenbar vom Ehehindernisse der höheren Weihen gesagt werden müssen. Solange kein Austritt aus der Kirche möglich war, war dasselbe schlechterdings nicht zu beheben; anders dagegen jetzt, wo eine tolerantere Gesetzgebung, den Austritt aus Kirche und Christentum gestattend, mit diesem Austritte den Charakter des Christen und notwendigerweise dann, eventuell, zugleich mit ihm auch den Charakter des Ordinierten als erloschen betrachtet[10]).

Hiermit wären nun sämtliche Punkte erledigt, die in der Entstehungsgeschichte des § 63 a. b. G.B., wie Kr. sie vorführt, beim ersten Ansehen wenigstens, einen unserer Auffassung ungünstigen Schein erwecken könnten. Ich zweifle nicht, daß er für jeden, der unserer Untersuchung aufmerksam gefolgt, vollständig verschwunden ist. Doch habe ich mir etwas darauf zu gute zu thun, sicher keinen Grund; denn, wie schon bemerkt, durfte dieser Schein von vornherein

---

[9]) Infolge eines Druckfehlers stand hier in der ersten Auflage: In der Zeit vor. Man vgl. dazu oben S. 21, Anm. 32, Nr. 1.

[10]) Bei der Erörterung dieses Punktes verfuhr ich, als ob die Worte „unauflöslich" und „nicht behoben werden kann" in ganz allgemeinem Sinn zu nehmen seien, weil sie nur in dieser Weise verstanden zu einem einigermaßen scheinbaren Einwand gegen mich Gelegenheit geben. Thatsächlich besagen sie aber nichts anderes als „indispensabel". Vgl. darüber oben S. 23, Anm. 32, Nr. 3 und S. 116 ff., wo nachgewiesen wird, daß bei richtiger Deutung der Ausdrücke die Thatsache nicht für, sondern gegen Krasnopolski's Gesetzesinterpretation geltend gemacht werden kann.

als ein schwacher bezeichnet werden. Es müßten aber offenbar sehr gewichtige Momente in dieser Entstehungsgeschichte aufgefunden werden, wenn sie, dem klaren Wortlaute des Gesetzes entgegen, unser Urteil beeinflussen sollten. Und so mag zur Verteidigung der freiheitlichen Auffassung gegenüber dem neuesten Angriffe dies Wenige genügen.

Immerhin sei noch ein Wort Krasnopolski's kurz berührt, da es darauf abzuzielen scheint, ein, wie ich glaube, zwingendes Argument in der Schlußanmerkung der Broschüre „Meine letzten Wünsche für Österreich"[11]) zu entkräften. Ich habe dort gesagt:

„Für diejenigen, die nach analogen Fällen verlangen, in Kürze auch noch folgendes: Die Ordensperson mit feierlichen Gelübden unterliegt in Österreich einer Unfreiheit nicht bloß bezüglich des Abschlusses einer Ehe, sondern auch bezüglich der Fähigkeit, Eigentum zu erwerben und über ein Vermögen zu disponieren. Es ist nun klar, daß, da auch hier ausdrückliche Bestimmungen fehlen, ihr Austritt aus der Kirche entweder beide oder keine der beiden Beschränkungen aufheben wird. Was wird denn nun hinsichtlich der Eigentumsverhältnisse anzunehmen sein?

„Was nach der Vernunft zu urteilen ist, ergiebt sich aus unsern früheren Erörterungen. Die legal aus der Kirche ausgetretene Ordensperson ist in den Augen des Staates keine Ordensperson mehr; also gehen die staatlichen Gesetze

---

[11]) a. a. O. S. 79 f.

über Erwerbsunfähigkeit von Ordenspersonen u. s. w. sie nichts mehr an.

„Doch wir finden hier auch die juristischen Autoritäten einmütig und aufs entschiedenste der Freiheit günstig. So heißt es bei Randa (Das Eigentumsrecht, 2. Aufl., 1893): „„Es ist wohl nicht zu bezweifeln, daß Ordensgeistliche mit dem gesetzlich vollzogenen Austritt aus der katholischen Kirche (§ 6 des Gesetzes vom 25. Mai 1868) die Disposition über ihr Vermögen und die Erwerbsfähigkeit wieder erlangen . . . .““ Bedarf es hiernach noch einer Erläuterung, daß bezüglich der eherechtlichen Frage mit derselben Zweifellosigkeit im Sinne der Freiheit entschieden werden muß?

„Wie monströs erschiene aber auch gerade hier wieder eine Argumentation nach der Art unsrer Gegner! Indem nach ihr der aus der Kirche ausgetretenen Ordensperson nach wie vor vom Staat die Erwerbsfähigkeit aberkannt werden müßte, würde diese, da das Kloster, dem sie einst angehört hat, sie nicht weiter ernährt, dazu verurteilt sein, entweder zu verhungern, oder durch Diebstahl ihr Leben zu fristen. (!!)“

Dieser Ausführung entgegen behauptet Krasnopolski, „daß aus der Behandlung des votum paupertatis im österreichischen Rechte irgend ein Schluß auf die Behandlung des Gelübdes der Ehelosigkeit nicht zulässig sei“. Aber was er zur Begründung dieser Behauptung vorbringt, reicht durchaus nicht aus, einen so allgemeinen Ausspruch zu rechtfertigen. Wenn es nämlich auch richtig ist, daß, wie er hervorhebt, besondere Gesetze unter gewissen Umständen einer Ordensperson vollständigen Eigentumserwerb gestatten, so ist es doch ebenso richtig, daß kein besonderes Gesetz dies für den Fall des Austritts einer Ordensperson aus der Kirche ausdrücklich thut. Und wenn nun trotzdem auch in diesem Falle der betreffenden Person Eigentumserwerb zugestanden werden soll, so kann dies also, wie Randa angedeutet, nur auf Grund des Gesetzes vom 25. Mai 1868 geschehen, weil eben eine aus der Kirche legal ausgeschiedene Ordensperson mit solennen Gelübden zwar selbstverständlich allzeit als eine Person, die solenne Gelübde abgelegt hat, aber nicht ebenso mehr als eine Ordensperson, die solenne Gelübde abgelegt hat, anzusehen ist, und darum die beschränkende gesetzliche Bestimmung sie durchaus nichts angeht. Ist nun diese Distinktion berechtigt und von der erwähnten rechtlichen Konsequenz, so muß sie es unzweifelhaft ebenso hinsichtlich des Gelübdes der Keuschheit und in Bezug auf die Fähigkeit der Eheschließung sein und Analoges auch für den Geistlichen mit höhern Weihen gelten.

Ich darf nicht schließen, ohne es auszusprechen, daß ich Herrn Krasnopolski zu aufrichtigem Danke mich verpflichtet fühle. Er verdient ihn nicht allein, weil er die öffentliche Aufmerksamkeit nochmals auf die Rechtsfrage lenkt und mir Gelegenheit giebt, meine Aufstellung gegen einen unvorgesehenen Einwand zu schützen, sondern auch wegen der vornehmen, sachlichen Haltung seines ganzen Artikels.[12]) Auch bin ich, wie schon bemerkt, von ihm über-

[12]) Welcher Gegensatz zwischen dieser und der jüngeren Streitschrift! Und doch dürfte es wenigstens nicht das Beispiel meiner Abhandlung gewesen sein, das auf Krasnopolski's gute Sitten verderbend wirkte.

zeugt, daß er mit doppelter und dreifacher Befriedigung auf seine Arbeit blicken werde, wenn es sich nunmehr auch für ihn herausgestellt haben sollte, daß er damit nicht bloß der Sache der Erkenntnis, sondern auch den Interessen der Toleranz und des kulturellen Fortschritts gedient und dazu beigetragen hat, die Gesetzgebung seines Vaterlandes in günstigerem Lichte erscheinen zu lassen. In Zeiten, wie die gegenwärtige, wo auf eine Förderung des Eherechtes auf dem Wege der Gesetzgebung so wenig Aussicht ist, muß dem, der die Gerechtigkeit liebt, seine Förderung auf dem Wege der Rechtsprechung ganz besonders am Herzen liegen.

Druck von Leonhard Simion in Berlin SW.

FSC
www.fsc.org
MIX
Papier | Fördert
gute Waldnutzung
FSC® C083411

Kolibri 360 GmbH
Ferdinand-Jühlke-Straße 7
99095 Erfurt, Deutschland
produktsicherheit@kolibri360.de